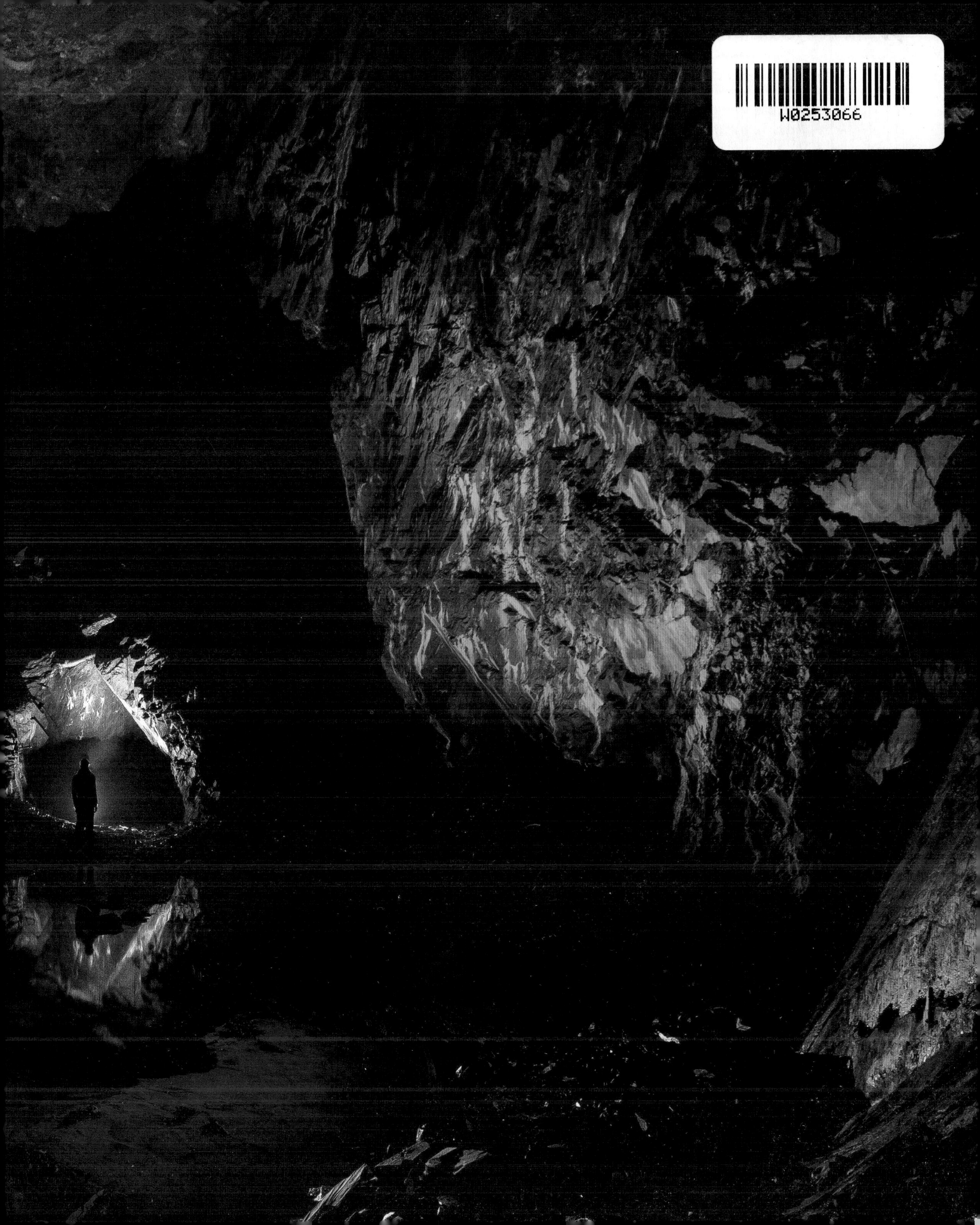

HANS-JOACHIM SCHNEIDER

UNTERIRDISCH

VERBORGENE ORTE IN DEUTSCHLAND

DUMONT

Faszination Unterwelt

Wohl jede Kultur hat ihre Mythologie, ihre Legenden, ihr Narrativ zur Unterwelt, heiße sie nun Hades, Hölle oder Hel. Nicht umsonst ist sie Wohnort der Götter des Todes, das Jenseits. Beim Eintritt in die Welten unter der Erde vermischt sich Erfahrbares, Greifbares, Diesseitiges mit den Vorstellungen vom Reich des Jenseits.

Wer je in ein Bergwerk eingefahren und im Förderkorb den Schacht heruntergesaust ist, weiß: Es wird ein Weg in die Düsternis, nur unterbrochen von vereinzelt angebrachten trüben Lampen. Erstaunlicherweise ist es warm, es riecht muffig nach Keller, der Ton der Schritte im Kohlestaub knirscht dumpf, wird sofort verschluckt, als wäre er nie dagewesen. Es ist die Vorstufe zum Nichtsein. Wenn jetzt noch das Licht ausfällt, ist das Grauen perfekt.

Gleichwohl haben die Menschen seit jeher in Höhlen Schutz gesucht vor äußerer Bedrohung, vor wilden Tieren, vor Feinden, vor den Bomben des Zweiten Weltkriegs, vor atomaren Angriffen. Nicht nur sich selbst kann man in unterirdischen Räumen in Sicherheit bringen, auch Nahrung, die sonst verderben würde oder leichter abhanden käme, und gefährdete sowie gefährliche Güter. Bis heute werden Kunst- und Kulturschätze unterirdisch versteckt und radioaktives Brennmaterial in (vermeintlich) sicheren Gesteinsschichten gelagert, in der Hoffnung, dass sie dort vor jedem unerwünschten Zugriff geschützt sind. Die Vorstellung, dass der Bauch der Erde das sicherste aller Verstecke sei, ist vermutlich so alt wie die Menschheit. Das trifft auch auf die Vorstellung zu, dass im Inneren dieser Erde Schätze von ungeahnter Größe verborgen sind – Gold, Diamanten, Rohstoffe aller Art. Um sie zu bergen, war den Menschen keine Anstrengung zu groß, kein Schacht zu tief, kein Gestein zu hart. Der Bergbau hat in Deutschland ganze Landschaften geprägt und ihre Physiognomie gezeichnet. Zurück blieben aufgelassene Bergwerke und Hunderte von Kilometern an Stollen und Schächten, die sich die Natur allmählich zurückerobert, wenn sie nicht als Industriedenkmäler am Leben gehalten und für Besucher zugänglich gemacht werden.

Dass das Unterirdische nicht zwangsläufig mit Enge und bedrückender Atmosphäre verbunden ist, zeigt das Beispiel der Eishöhlen im Dachsteinmassiv. Fällt in diesen großzügigen, riesigen Hohlräumen Licht auf die Eiskristalle, entfalten sie eine glitzernde Pracht, deren Zauber man sich nur schwer entziehen kann und die nur sichtbar wird, wenn ein Schweinwerfer oder Kamerablitz sie erleuchtet.

Neugierde und Grauen, Anziehung und Furcht bestimmen schon seit jeher unser Verhältnis zum Unterirdischen. Die Fotografen dieses Buches fangen beides ein, wenn sie in schwer zugängliche Höhlen im Gebirge vordringen, verfallene Stollen betreten oder komplex angelegten Bunkersystemen aus der jüngsten Vergangenheit einen Besuch abstatten. Manche ihrer Bilder muten an wie Gemälde oder Traumlandschaften und enthüllen erst auf den zweiten Blick, was sie eigentlich abbilden. Die Welt unter der Erdoberfläche bleibt faszinierend. Unseren Fotografen ist es auf beindruckende Weise gelungen, diese Faszination einzufangen und dauerhaft festzuhalten.

Stefan Bitterle

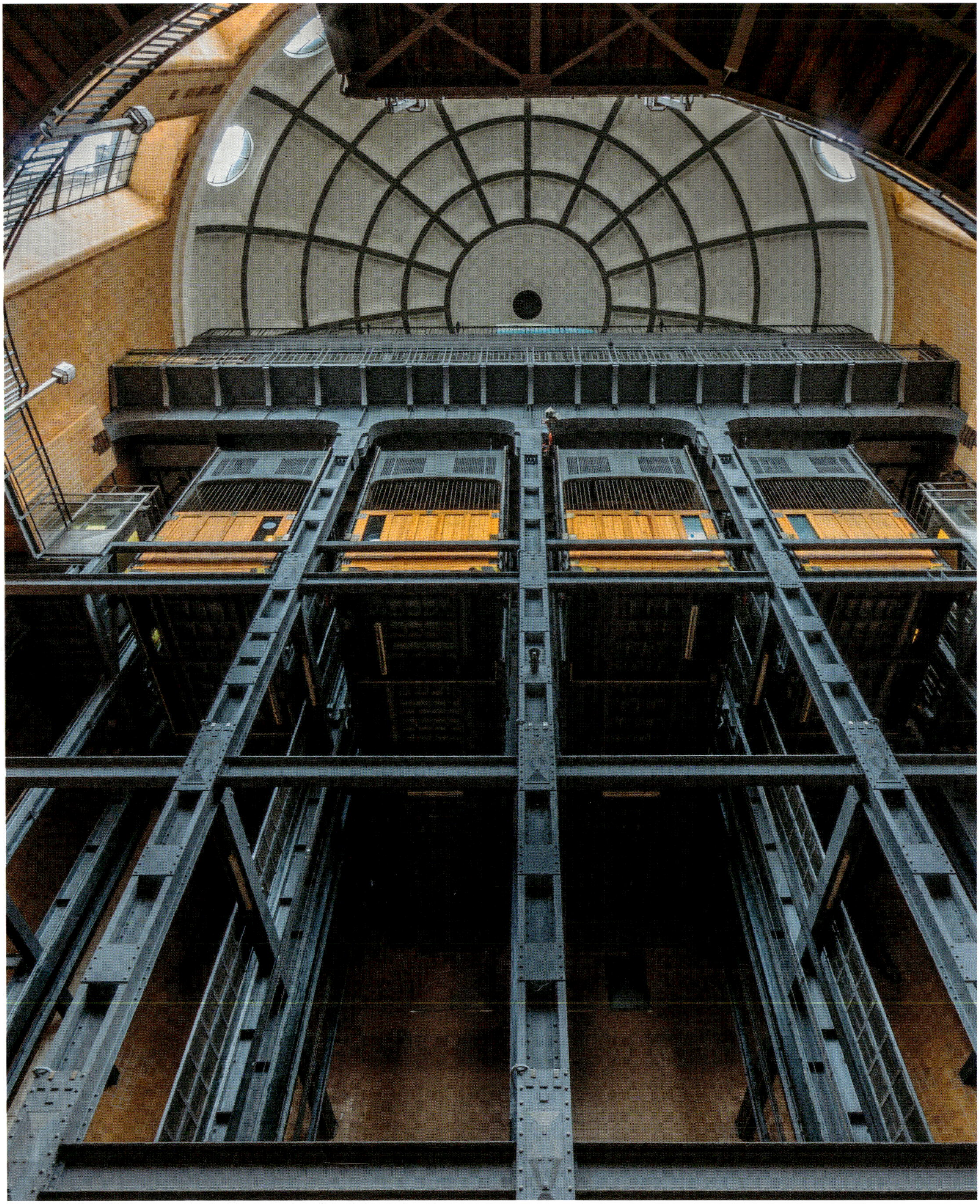

01 // Alter Elbtunnel // Hamburg

Hamburgs versteckte Perle

Es war eine technische Sensation, was die Stadtplaner zu Beginn des 20. Jahrhunderts für den Hamburger Hafen planten: einen Tunnel unter der Elbe, der auf der Höhe der Landungsbrücken St. Pauli mit der Elbinsel Steinwerder verband. Wie kam es dazu? Das Geschäft der großen Werften auf Steinwerder brummte, der Fährverkehr zwischen Hafen und Insel konnte den Ansturm der zahlreichen Arbeiter nicht mehr bewältigen. Noch mehr Fähren einzusetzen, kam nicht infrage, störten die vielen Fähren doch bereits den Schiffsverkehr auf der Elbe. Ein Tunnel unter der Elbe – das machte vielen Angst und rief Skeptiker auf den Plan. Doch trotz aller Bedenken begannen 1907 die Bauarbeiten für das zukunftsweisende Verkehrsprojekt. Als er dann vier Jahre später 1911 eröffnet wurde, war die Begeisterung groß. Die Presse lobte nicht nur die Technik, sondern auch die Schönheit des Verkehrsbaus. In den Hamburger Nachrichten vom 13. Juli 1911 las man über den Tunnel, es handle sich um einen »von den licht- und formenfrohen Mächten des modernen Zeitgeschmacks durchfluteten Zeitgedanken«.

Fußgänger und Pferdefuhrwerke, die mit einem korbartigen Aufzug in den Tunnel gelangten, konnten nun in fast 24 Metern Tiefe die 426,5 Meter durch zwei getrennte Röhren unter der Elbe zurücklegen. Bis auf die Pferdefuhrwerke kann man das heute auch noch …

Linke Seite Die Aufzuganlage im Zugangsgebäude
Oben Blick in die Nordkuppel

3
HALT
wenn Türen in Bewegung
HALT

Vorhergehende Doppelseite Strahlend schön – eine der beiden Tunnelröhren

Oben Ein- und Ausfahrt für die beiden Tunnelröhren

k402

02 // Ehemaliges Kernkraftwerk // Rheinsberg

Vorsicht: Verstrahlte Vergangenheit

Die Umgebung des Provinzstädtchens Rheinsberg ist ein kleines Naturidyll. Wälder, Seen und jede Menge unberührte Natur. Und ein Kernkraftwerk, das 1960 mit sowjetischer Unterstützung mitten im Naturschutzgebiet am Großen Stechlinsee errichtet wurde. Das erste kommerziell genutzte Kernkraftwerk auf deutschem Boden war mehr als ein Vierteljahrhundert am Netz, bis die Sicherheitsrisiken zu groß wurden. Kurz vor der deutsch-deutschen Wiedervereinigung wurde der Betrieb eingestellt, 1995 begann der Rückbau, der noch immer im Gange ist. Erst wenn die Gebäude auf dem Gelände alle dekontaminiert sind, kann das Areal neu genutzt werden.

Wer sich selbst ein Bild verschaffen will von dem stillgelegten Betrieb, kann sich im Rahmen einer geführten Tour auf das Gelände begeben. Höhepunkt des fast dreistündigen Besichtigungsrundgangs: der Blick durch ein gläsernes Bullauge in das Herz des Reaktors, die Halle mit den Brennelementen.

Linke Seite oben Verbindungsgang Schleusenbereich – spezielle Wasseraufbereitung

Linke Seite unten Gang zum Lager für feste und flüssige Rückstände des Kernkraftwerks

Oben Spezielle Wasseraufbereitungsanlage

Oben Reaktordruckbehälter des Kernkraftwerks

Linke Seite Brennelemente-Kontrollsystem 2

Oben Raum 304. Reaktorgebäude

Oben Spezielle Wasseraufbereitungsanlage

03 // Atommüll-Endlager // Gorleben

Für immer verborgen in Gorleben?

Wenn es in Deutschland einen Ort gibt, der die erbitterten Diskussionen um die Nutzung von Atomkraft symbolisch verkörpert, dann ist es wohl Gorleben. Schon in den 1970er-Jahren, als erste Überlegungen bekannt wurden, Atommüll im Salzstock bei Gorleben einzulagern, regte sich heftiger Widerstand, der bis heute anhält. Tief unter der Erde soll der Atommüll ›verschwinden‹. Doch ist der Salzstock bei Gorleben der geeignete Lagerort? Die Skandale um das Atommülllager im stillgelegten Kali- und Salzbergwerk Asse II lassen daran Zweifel aufkommen. Wassereintritt, salzhaltiges Grundwasser oder Gaseinschlüsse in der rund 100 Jahre alten Schachtanlage des Salzstocks sind nur einige der vielen Probleme. Es wird also weiter gestritten über die Eignung von Gorleben als Endlager für radioaktive Abfälle der Atomindustrie.

Linke Seite oben Die heilige Barbara, Schutzpatronin der Bergleute, wacht auch über den Salzstock Gorleben

Linke Seite unten Erkundungsarbeiten im Salzstock

Oben Eine Besuchergruppe wird durch einen Erkundungsstollen geführt

04 // Mielke-Bunker // Biesenthal

Für die Stasi nur das Beste

Es sah gar nicht gut aus für die Zukunft des Objektes 17/5005 im Jahre 2012. Im Oktober hatte es die vorerst letzte Führung durch die historische Anlage gegeben. Und es war die Rede davon, dass der Zugang zum ehemaligen Bunker der Staatssicherheit – der über die qualitativ hochwertigste technische Ausstattung verfügte – mit tonnenschweren Betonplatten abgedeckt werden sollte. Wie kam es dazu? Eine Recyclingfirma hatte das Areal gekauft, auf dem sich u. a. auch der Bunker befindet. Lange war unklar, was mit dem Objekt geschehen sollte, in dem sich die Staatssicherheit der DDR im Kriegsfall

einrichten wollte. Erich Mielke, ihr Vorsitzender, hat die Anlage nie betreten – weder während der Bauzeit und auch später nicht. Aufgrund diverser Mängel war der Bunker erst ein Jahr vor der Wende, 1988, fertiggestellt worden. Eine offizielle Übergabe fand nie statt, da es auch zu diesem Zeitpunkt noch zu viele technische Probleme gab. 1993 wechselte die Anlage den Besitzer. Der neue Eigentümer ließ die Zugänge zu dem Bunker zubetonieren. Der Grund für diese Maßnahme: Viele betrachteten ihn offenbar als Selbstbedienungsladen. Plünderer drangen in das Bauwerk ein und nahmen so ziemlich alles mit, woraus sich Kapital schlagen ließ. Da die Diebstähle trotz des erheblich erschwerten Zugangs nicht aufhörten, wurden 2012 erneut die Eingänge zubetoniert. Seit 2014 finden sehr vereinzelt wieder Führungen statt.

Linke Seite Schleusenbereich Abwurfraum für die Schutzkleidung

Oben Eingangsbereich des Bunkers – Vorraum nach der ersten Drucktür

05 // Luftschutzanlage im U-Bahnhof Gesundbrunnen // Berlin

Ungewissheit unter der Erde

Es ist eng, die Luft ist stickig. Kinder weinen, den Erwachsenen stehen Sorge und Angst ins Gesicht geschrieben. Kerzen – angezündet, um den Sauerstoffgehalt der Luft zu überwachen – werfen ihr Licht auf die von Erschöpfung gezeichneten Gesichter. Was werden die Bomben dieses Mal zerstören, was werden sie von ihrem Zuhause nach dieser Nacht noch vorfinden? Wird es nach diesem Fliegerangriff überhaupt noch ein Zuhause geben?
In den ehemaligen Luftschutzbunkern von Berlin wird das Leiden der Zivilbevölkerung während des Zweiten Weltkriegs greifbar. Viele von ihnen wurden nach dem Krieg zerstört, der Bunker am Berliner U-Bahnhof Gesundbrunnen gehört zu denen, die erhalten blieben und im Rahmen von Führungen besichtigt werden können. Seit 1998 ist in den ehemaligen Bunkerräumen am Gesundbrunnen auch das sogenannte Unterwelten-Museum eingerichtet.

Oben Exponate zum Themenbereich »Luftschutz vor und während des Zweiten Weltkrieges« im Berliner Unterwelten-Museum, U-Bahnhof Gesundbrunnen

Rechte Seite Flur in einer ehemaligen Luftschutzanlage im U-Bahnhof Gesundbrunnen

Rauchen
verboten!
Ausgang

Oben Haupteingangsbereich des »Bunkers B«, einer Luftschutzanlage im U-Bahnhof Gesundbrunnen, eingerichtet 1941. Aufgrund des authentischen Erhaltungszustands der Wandbeschriftungen und -markierungen wurde die Anlage 1999 unter Denkmalschutz gestellt

Kein
Ausgang

06 // Zivilschutzanlage Blochplatz // Berlin

48 Stunden in düsterer Enge

1000 sogenannte Zivilschutzanlagen gab es einst in Berlin, erhalten ist davon nur noch jede zwanzigste. Der Eingang zur unterirdischen Anlage unter dem Blochplatz befindet sich in einem unscheinbaren kleinen Häuschen. Man könnte es mit einem Kiosk verwechseln. Von hier geht es hinab in eine Unterwelt aus kahlen grauen Betonwänden, nackten Feldbetten und harten, ungepolsterten Holzbänken. Kaltes Neonlicht verstärkt die trostlose Atmosphäre. Hier im Bunker fanden bis zu 8000 Schutzsuchende in den Bombennächten des Zweiten Weltkriegs Platz. Ein Luftschutzwart wachte unbarmherzig darüber, dass niemand mehr an Gepäck mitbrachte als den einen Koffer, der erlaubt war.

In den Zeiten des Kalten Krieges wurde die Anlage modernisiert und technisch für einen Atomkrieg aufgerüstet. Im Fall eines atomaren Schlagabtausches hätten nur etwas mehr 1300 Menschen hier unten Schutz gefunden – und das auch nur für maximal 48 Stunden.

Linke Seite Rekonstruierter Bettenraum in der ehemaligen Luftschutzanlage

Oben Nachleuchtende Phosphorzeichen markierten den Weg im Dunkeln

VL 5
80 m

07 //
BEWAG-Tunnel // Berlin
Hinab in die Zukunft

Wer Fotos sieht vom BEWAG-Tunnel, könnte meinen, eine fiktive Zukunft habe Einzug gehalten in den Untergrund Berlins. Denn was sich im Inneren dieser futuristischen Röhre bis zu 35 Meter unter Straßenniveau abspielt, erinnert an einen Science-Fiction-Film: Hochspannungsleitungen laufen als oberschenkeldicke Kabel seitlich an den Wänden entlang, eine Schwebebahn, deren Scheinwerfer den Tunnel in gleißend glutrotes Licht taucht, fährt regelmäßig die mehr als 11 Kilometer lange Strecke ab. Sie ist wahlweise bemannt oder ferngesteuert. Um die Kabel zu kontrollieren und zu warten, besitzt sie Kameras sowie ein komplettes Löschsystem. In den Kabeln fließen 380 000 Volt – die Hauptstromverbindung zwischen den ehemals getrennten östlichen und westlichen Stadtteilen Berlins. Bei Hochbelastung können sie sich bis auf 90 Grad aufheizen. Sollte hier jemals ein Brand ausbrechen, wird kein BEWAG-Mitarbeiter in diese Hölle hinunter müssen.

Links Blick in den BEWAG-Tunnel. Im Hintergrund nähert sich die Einschienen-Hängebahn

08 // Flughafen Tempelhof // Berlin

Die geheime Stadt unter dem Flughafen

Der Flughafen Tempelhof gilt als einer der größten zusammenhängenden Gebäudekomplexe der Welt. Nicht ganz so gigantisch wie die oberirdischen Anlagen, aber immer noch extrem weitläufig, ist der geheimnisvolle unterirdische Teil des ehemaligen Flughafens: Ein riesiges Labyrinth aus Gängen, Fabrikhallen, Rohrleitungen und versteckten Räumen, in dem jeder sofort orientierungslos wäre, würde er alleine den Weg nach draußen suchen.
Noch ist längst nicht alles wiederentdeckt in diesem Labyrinth. Was man bisher weiß: Es gab eine unterirdische Fabrik, in der die Wehrmacht Jagdflugzeuge bauen ließ. Es gab Unterkünfte für die Angehörigen der Lufthansa und ihre Familien. Und Adolf Hitler hatte hier unten ein geheimnisvolles Archiv anlegen lassen. Was er darin sammelte, weiß man nicht. Als russische Soldaten nach der Einnahme Berlins die unterirdischen Anlagen entdeckten, sprengten sie die massive Stahltür, die zusätzlich noch zugemauert worden war. Der bei der Explosion entstehende Feuersturm verbrannte alles, was in diesem Archiv gewesen war, bis zur Unkenntlichkeit.

Linke Seite Eisenbahnschienen für die Produktionsanlagen unter Tage
Oben Vielleicht ein Hinweis darauf, dass Ende April 1945 russische Truppen den Flughafen einnahmen?

09 //

Kalibergwerk // Bokeloh

Maschinenschaden unter Tage? Die Bergwerkstatt hilft

Die Fahrt mit dem Förderkorb hinunter in die weiße Hölle dauert nur wenige Minuten. Die Luft ist heiß und voller Staub – Salzstaub. In riesigen Hallen holen Fräsen das Salz von Decken und Wänden. Durch Sprengungen wird das Gestein meterdick aus dem festen Verband gelöst. Große, schwere Maschinen – Bagger, Lkws und Radlader, die bis zu 90 Tonnen Salzgestein auf einmal in ihre Schaufel nehmen können – transportieren das weiße Gold auf breiten Straßen ab. Wie aber kommen die großen Maschinen in die Stollen? Die Antwort: in Einzelteilen. Der Zusammenbau erfolgt an der Einsatzstelle. Da das aggressive Salz und die normale Abnutzung ständig auf die mechanischen und hydraulischen Teile der Geräte einwirken, müssen sie vor Ort gewartet und bei Bedarf auch vor Ort repariert werden. Dafür gibt es tief unten auf der Sohle, auf der gerade abgebaut wird, eine riesige Werkstatt, die in ihren Dimensionen den gewarteten Gerätschaften angepasst ist. Ganze 2 Hektar umfasst diese Halle tief unten im Bergwerk Bokeloh, dem einzigen noch verbliebenen Salzbergwerk in Niedersachsen.

//

Links Riesenreifen für Abbaumaschinen

Nachfolgende Doppelseite Teilschnittmaschine im Salzstock in fast 1500 Metern Tiefe

10 // Bunkeranlage Maybach // Wünsdorf

Größenwahnsinn unter der Erdoberfläche

Die Bunkeranlage Maybach verdankt sich Hitlers machtpolitischem Expansionsdrang, der sich zunächst nach Osten richtete. Es war deshalb logisch, dass ab 1939 der Großteil des Oberkommandos des Heeres (OKH) sowie die Nachrichtenzentrale in die Nähe der östlichen Landesgrenze verlegt wurden. In dem alten brandenburgischen Garnisonsstädtchen Wünsdorf südlich von Berlin entstanden Kasernen und Bunker. Maybach I bestand aus einzelnen Gebäuden, die über zwei oberirdische Geschosse sowie zwei unterirdische Bunkerebenen verfügten, die wiederum alle durch eine Art Ringtunnel miteinander verbunden waren. Sämtliche Wände und Dächer bestanden aus meterdickem Stahlbeton, denn keine der damals bekannten Waffenarten sollte sie jemals knacken können.

Oberirdisch war die gesamte Bunkeranlage als Wohnsiedlung getarnt. Tief unter der Erde verborgen jedoch bot sie das Bild einer perfekt organisierten und tadellos funktionierenden militärischen Kommandozentrale.
Nach der Eroberung durch die russische Armee wurde die Siedlung samt ihrer unterirdischen Anlagen gesprengt. Nicht alles wurde dabei zerstört, sodass wir heute noch im Rahmen von Führungen Teile des unterirdischen Hauptquartiers besichtigen können.

Vorhergehende Doppelseite Ringstollen mit Zugang zum Bunkerhaus A12

Oben Blick in den Ringstollen mit russischen Inschriften

DIENST
FLACHE GES.
FLACHE BEL.
ANZAHL LE
BRUTTOM
EXPL. MASSE
EINGEL. AM
N. HALZUNG
KONTR. AM

11 // Komplexlager 12 der NVA // Halberstadt

Die düstere Geschichte des Malachit

»Malachit« war der Deckname für ein gigantisches Stollensystem, das die Nationalsozialisten 1944/45 in den Sandstein des Thekenberges graben ließen. Kriegswichtige Güter wie Raketen, Flugzeugmotoren usw. sollten hier unter Tage produziert werden, um sie vor den Bombenangriffen der Alliierten zu schützen. Etwa 1900 Häftlinge, die von einem Außenlager des KZs Buchenwald für den Bau abkommandiert waren, starben im Zuge der Fertigstellung an Entkräftung und an den unmenschlichen Arbeitsbedingungen. Der Ausbau wurde gestoppt, als im April 1945 die sowjetische Armee immer näher rückte.
Die NVA (Nationale Volksarmee) entdeckte Ende der 1970er-Jahre die Vorzüge des größten unterirdischen Stollensystems auf DDR-Boden und baute es zum zentralen Militärdepot für Munition, Bekleidung und Ausrüstung aus. Ganze Güterzüge konnten in den Berg einfahren. Als am 1. Juni 1990 im Zuge der Wiedervereinigung die Währungsunion in Kraft trat, ließ die DDR-Staatsbank ihr nun wertlos gewordenes Papiergeld in zwei Stollen der Anlage bringen, wo es verrotten sollte. Clevere Halberstädter fanden einen geheimen Zugang, bedienten sich mehrfach und versuchten, die alten Scheine im Internet zu versteigern. Sie flogen auf. Ein wenig hätte man ihnen den Erfolg gegönnt.

Links Blick in einen Lagerstollen des Logistik- und Lagerbereichs

Linke Seite Blick in einen Stollen mit Sprengnische

Oben Doppeltes Drucktor am Übergang zum Unterkunfts- und Hilfsbereich

Linke Seite oben Verschütteter Stollen der Altanlage
Linke Seite unten Altanlage Querstollen
Oben Querstollen der Altanlage

12 // Iberger Tropfsteinhöhle // Bad Grund

Ein Stück Madagaskar im Harz?!

Was mochten die ersten Menschen gefühlt haben, als sie diese Tropfsteinhöhle entdeckten und erkundeten? Hatten sie irgendeine Form von Licht dabei? Vielleicht flackernde Fackeln, die aus den Tropfsteingebilden gespenstische Schatten und Dämonen an die Wände der Höhle zauberten? Oder bedeutete die Höhle für ihre Entdecker vor allem Schutz und Obdach in einer unfreundlichen, vielleicht kriegerischen Umgebung? Wir wissen es nicht.

Was wir aber wissen, haben wir vor allem den Geologen zu verdanken: Der Bergstock, in dem sich die Höhle befindet, ist Teil eines mächtigen Korallenriffs, das vor Abermillionen Jahren an einer ganz anderen Stelle der Welt entstanden war – nämlich etwa dort, wo heute Madagaskar liegt. Tektonische Plattenbewegungen verlagerten das Riff oder zumindest Teile davon in unsere Breitengrade. Ablagerungen, Hebungen und Senkungen, Scherbewegungen, Verwitterung, aber auch Lösungs- und Ausfällungsvorgänge im Kalkstein führten schließlich dazu, dass tief im Gestein des Winterbergs bei Bad Grund ein ganzes System von Höhlen entstand, von denen die Iberger Tropfsteinhöhle schon seit mehr als hundert Jahren als sogenannte Schauhöhle touristisch genutzt wird.

Linke Seite Über Treppenstufen geht es hinab in die Tiefe
Oben Blick durch ein Schauglas

13 // Zeche Prosper-Haniel // Bottrop

Kohle, Schotter, Kies: Wie das Geld den Berg verließ

Es geht zu Ende mit dem Steinkohlebergbau im Revier. Kohle gäbe es noch genug, aber die Diskussion um Umweltschutz und Erderwärmung sowie die hohen Subventionen, ohne die die deutsche Steinkohle gar nicht wettbewerbsfähig wäre, haben dazu geführt, dass die Zechen im Revier nach und nach stillgelegt werden. Das Bergwerk Prosper-Haniel ist das letzte, das noch Kohle fördern darf.

Sohle 7, auf der heute abgebaut wird, liegt in fast 1300 Metern Tiefe. Nichts erinnert hier noch an die engen Stollen aus den frühen Tagen des Bergbaus. (Fast) alles hier unten findet in

großindustriellen Maßstäben statt. Die unterirdischen Räume gleichen einer Stadt unter Tage, mit Bahnhöfen, Zug- und Lkw-Verkehr, riesigen Werkstätten zur Montage der Schilde und Vortriebmaschinen, mit Hängebahnen und kilometerlangen Förderbändern. Ganz besonders stolz ist man bei Prosper-Haniel auf den sogenannten Förderberg, einen Schrägschacht mit Förderband, der Kohle von der fünften Sohle in circa 800 Metern Tiefe nach über Tage transportiert. Der Förderberg hat eine Länge von 3653 Metern, das Förderband selbst misst also mehr als 7 Kilometer und hat eine Dicke von 35 Millimetern. Mehr als 75 Millionen Tonnen Kohle wurden auf dem ersten Transportgurt ans Tageslicht gefördert, bevor dieser in einer aufwendigen, mehrere Tage dauernden Aktion gegen einen neuen ausgetauscht wurde.

Linke Seite Eine der riesigen, kilometerlangen Transportstrecken

Oben Die Mischhalle, in der die verschiedenen Kohlequalitäten gemischt werden

14 // Befehlsbunker // Dortmund

Kontrolle von unten

Dortmunds Unterwelt birgt ein dunkles Geheimnis: Etwa 15 Meter unter dem normalen Straßenniveau liegt Deutschlands größter ehemaliger Luftschutzbunker, wenn nicht gar der größte weltweit. Viele Fragen zu diesem Bauwerk sind nicht geklärt und werden es so schnell auch nicht sein, da die Anlage für Nachforschungen nicht zugänglich ist. Weitaus besser dokumentiert ist dagegen der Befehlsbunker Dortmund, der 1944 mitten in einem Wohngebiet in der Innenstadt gebaut wurde. Er diente als Befehlsstelle für die Luftabwehr, hielt aber auch separate Räume für örtliche Parteigrößen der NSDAP vor. Der Befehlsbunker bot 50–60 Personen Platz, die im Falle eines Angriffs mit Nuklear-, Bio- oder chemischen Waffen das oberirdische Chaos verwalten sollten. Anders als der riesige Luftschutzbunker geriet der Befehlsbunker auch nach dem Krieg nicht in Vergessenheit. Zu Beginn der 1970er-Jahre wurde beschlossen, ihn als Leitstelle für den atomaren Ernstfall atombombensicher auszubauen. Der Umbau war 1977 abgeschlossen. Nach 15 Jahren wurde der Bunker stillgelegt, danach noch kurze Zeit vom Technischen Hilfswerk (THW) zu Übungszwecken benutzt. 2010 verkaufte ihn die Stadt Dortmund an einen Privatmann. Heute steht er unter Denkmalschutz.

Linke Seite Medizinischer Untersuchungsbereich des Bunkers

Oben Besprechungsraum

Nachfolgende Doppelseite links Flur im Bunker

Nachfolgende Doppelseite rechts Bunkerflur ohne Beleuchtung, phosphorizierende Leuchtstreifen helfen bei der Orientierung

Überdruckventil

15 // Emscher-Renaturierung // Ruhrgebiet

Hoffnung aus dem Dunkeln für die Emscher

Eigentlich müsste das Ruhrgebiet nicht Ruhrgebiet, sondern Emschergebiet heißen. Warum: Die Emscher ist der Fluss im Herzen des Reviers. Genau diese zentrale Lage hat die Emscher auch zum Abwasserkanal – zur »Köttelbecke« – des Ruhrpotts werden lassen. Die Anlage von herkömmlichen Abwasserkanälen war im Ruhrgebiet durch den sich rasant ausbreitenden Bergbau schlichtweg unmöglich. Es kam immer wieder zu großflächigen Erdabsenkungen, die solche Kanäle beschädigt oder gar zerstört hätten. Also wurden alle Abwässer einfach direkt in die Emscher und ihre Nebenflüsse geleitet. Aber auch diese litten unter den Geländesetzungen, was dazu führte, dass mancherorts das Wasser einfach stillstand, weil das natürliche Gefälle nicht mehr existierte. Mit großem Aufwand wurde die Emscher in ein Betonkorsett gezwängt und teilweise mehrere Meter tiefergelegt, um wieder ein Gefälle herzustellen. Heute, da der Bergbau zum großen Teil Geschichte ist, wagt sich die Emschergenossenschaft an ein ehrgeiziges Renaturierungsprojekt. In gewaltigen Betonröhren, durch die ein Kleinwagen fahren könnte, entsteht unter der Erde ein zweites ›Flusssystem‹, das die Abwässer modernen Klärwerken zuführt. Die Flüsse und Bäche werden aus ihren Betonkorsetts befreit und aus der ehemaligen Kloake des Reviers wird wieder eine grüne Fluss- und Auenlandschaft.

Linke Seite Tunnelvortrieb im Tübbing-Verfahren, Blick in Vortriebsrichtung

Oben Gerüstaufbau für die Einschalung des Schachtdeckels

16 //
Mittelbau-Dora // Nordhausen

Rüstung ohne Rücksicht

Im Kriegsjahr 1943 begannen die Alliierten, Rüstungsfabriken und Raffinerien sowie die Raketenversuchsanstalt Peenemünde auf Usedom anzugreifen.
Die deutsche Generalität versetzte dies in helle Aufregung, handelte es sich doch um Einrichtungen, die für die deutsche Kriegsführung von allerhöchster Bedeutung waren. Es wurde beschlossen, sie so weit wie möglich in den Untergrund zu verlegen. Alte Stollen und Bergwerke sollten umgerüstet, neue Stollen überall im Land in die Erde getrieben werden.
Die Arbeiten in den Stollenanlagen im thüringischen Nordhausen begannen schon wenige Tage nach dem britischen Bombenangriff auf Peenemünde 1943.
Aus dem KZ Buchenwald wurden Häftlinge dorthin verlagert. So entstand das Außenlager KZ »Dora«, das später mit anderen Lagern zusammen zum eigenständigen KZ »Mittelbau« gehörte. Die Zwangsarbeiter mussten die bestehenden Stollen erweitern und neue, riesige Stollen in den Berg treiben. Anfangs blieben sie Tag und Nacht bei rund 8° C unter Tage, schliefen dort unten und durften selbst bei Sprengungen nicht ans Tageslicht. Unter diesen grausamen und mörderischen Bedingungen starb etwa jeder dritte von ihnen im Zwangsarbeitseinsatz, d. h. geschätzte 20 000 der 60 000 Häftlinge. Nach der Fertigstellung war Mittelbau-Dora die größte unterirdische Rüstungsfabrik im Zweiten Weltkrieg. Hier wurden V2-Raketen montiert, später auch Junkers- und Heinkel-Flugzeuge.

Links Ausgestellte Überreste eines Antriebselementes einer V2-Rakete in der Gedenkstätte Mittelbau-Dora

///

Linke Seite oben Die Zahl 44 an der Wand eines bis 1945 genutzten Schlafstollens für Häftlinge

Linke Seite unten Schlafstollen für Häftlinge

Oben Querstollen, der bis 1944 als Häftlingsunterkunft diente

17 // Schieferbau // Nuttlar

Vor der Hacke war es duster altes Bergmann-Sprichwort

Nur mit Helm und Helmlampe ausgerüstet, taucht der Besucher von heute ein in die verborgene Welt des Schieferbergbaus am Oberlauf der Ruhr. Nicht viel anders müssen sich die Kumpel gefühlt haben, die bis vor etwa 30 Jahren tagtäglich in die Stollen und Schächte des Schieferbergwerks in Nuttlar einfuhren. Schmale Stollen, zu beiden Seiten von meterhoch kunstvoll aufgeschichteten Wänden aus dem Abfall des Schieferabbaus begrenzt, führen kilometerweit tief in den Berg hinein. Es geht über mehrere Sohlen, durch gigantische Hallen, vorbei an endlos scheinenden Schienensträngen und stehengelassenen Loren. Ein Schaudern packt jeden Besucher bei der Vorstellung, den Anschluss an die Gruppe zu verlieren.
Als in Nuttlar wegen Insolvenz des Betreibers Schluss war mit dem Bergbau, wurde die Arbeit von einem auf den anderen Tag eingestellt und alles einfach stehen- und liegengelassen. Durch das Abschalten der elektrischen Pumpen konnte Grundwasser ungehindert eindringen. Es überflutete etwa 12 Kilometer der tieferliegenden Stollen und Gänge. In der Folge hat sich dort eine faszinierend unberührte, geradezu verzaubert anmutende Welt herausgebildet, die sich aber nur dem erfahrenen und ausgebildeten Höhlentaucher mit der richtigen Ausrüstung erschließt. Und auch der muss sich erst die Erlaubnis holen.

Links Kunstvoll aufgeschichter Abraum links und rechts des Stollens

//

Linke Seite links Bläulich schimmert das Wasser am Boden der Stollen

Linke Seite rechts Stollen mit Schieferplatten

Oben Die tiefergelegenen Teile des Bergwerks stehen unter Wasser

18 // Schiefergrube Christine // Willingen

Im Rausch der Tiefe

Bis 1971 war die Schiefergrube Christine in Willingen im Sauerland in Betrieb, dann wurde sie wegen Unrentabilität stillgelegt. Der obere Teil des Bergwerks ist heute im Rahmen von Führungen für jedermann zugänglich, die tieferliegenden Stollen dagegen sind mit Wasser vollgelaufen und nicht mehr begehbar.

Für Taucher ist diese versunkene Welt eine Herausforderung, unterscheidet sich ein Tauchgang in ehemaligen Bergwerken doch sehr von dem in Korallenriffen. Es ist sehr dunkel unter Tage, nur die eigene Lampe weist den Weg in Kammern und Schächte. Stellenweise wird es sehr eng in den Stollen, in denen sich teilweise noch zurückgelassene Loren oder anderes Arbeitsgerät befindet. Wer sich in den Bauch der Finsternis wagen möchte, muss eine Ausbildung zum Höhlentaucher vorweisen oder sich von einem solchen führen lassen. Belohnt wird er dafür mit den Gefühl, wie ein einsamer Entdecker durch ein dunkles, faszinierendes Reich zu schweben, dessen Geheimnisse sich nur ganz wenigen offenbaren.

Linke Seite oben Von einem Tag auf den anderen verlassen, liefen die tieferen Sohlen des Bergwerks einfach voller Wasser

Linke Seite unten Schienen, Gestänge und Rohrleitungen sind die Kulissen für den abenteuerlichen Tauchgang

Oben Tauchseile helfen bei der Orientierung

19 // Kalkbergwerk // Miltitz

Eintauchen in die Unterwelt

Der Kalkabbau hat in Miltitz eine annähernd 1000-jährige Tradition. Für kurze Zeit wurde auch Silbererz gewonnen, die Förderung aber wegen geringer Ergiebigkeit bald wieder eingestellt. Zu Beginn des 20. Jahrhunderts lohnte sich dann auch der Abbau des Kalkgesteins nicht mehr und der Betrieb im Alten Kalkbergwerk wurde eingestellt. Im Zweiten Weltkrieg fiel das Interesse der Organisation Todt auf die alten Schächte. Diese paramilitärische Einheit organisierte im Dritten Reich nicht nur den Bau von Bunkeranlagen, sondern auch die Verlagerung kriegswichtiger Betriebe in Untertage-Anlagen. Das Miltitzer Kalkbergwerk sollte in den letzten Kriegsjahren als Benzinfabrik umgenutzt werden. Für den Umbau wurden Häftlinge abgestellt, die unter unmenschlichen Bedingungen arbeiten mussten. Viele verloren dabei ihr Leben.

Heute ist der größte Teil der alten Stollen mit Grundwasser gefüllt und deshalb ein El Dorado für Höhlentaucher. Es herrschen beinahe ideale Tauchbedingungen: Das Wasser ist fast glasklar, die Gänge sind auf den meisten betauchbaren Sohlen 2–3 Meter, in Einzelfällen sogar 8–10 Meter hoch und auf einzelnen Sohlen existieren geräumige Höhlen.

Vorhergehende Doppelseite Klarer Höhlensee über den alten Maschinenhausfundamenten

Linke Seite Seit 1944 schon ist die Grube stillgelegt

Oben Geräumige weite Abbauhallen schaffen großartige Tauchmöglichkeiten

20 // Kunst im Tunnel // Düsseldorf

Kunst, die unter die Oberfläche geht

Düsseldorf ist nicht gerade arm an Museen, aber der Tunnelrestraum ist sicher einer der ungewöhnlichsten Ausstellungsorte in der nordrhein-westfälischen Landeshauptstadt. Mit dem unterirdischen Museum KIT (Kunst im Tunnel) wurde hier eine Ausstellungsmöglichkeit für Nachwuchskünstler geschaffen, die von der Düsseldorfer Kunsthalle bespielt wird.
Der Tunnelrestraum verdankt seine Existenz dem Bau des Rheinufertunnels in den 1990er-Jahren. Der ungewöhnlich geschnittene Raum, gewissermaßen ein Abfallprodukt bei der Tieferlegung der Rheinuferstraße, stand leer und sollte mit Beton verfüllt werden. Dann aber entschied man sich für die Nutzung als Ausstellungsfläche für junge Kunst, Mode und Design. Der mehr als 100 Meter lange Raum liegt unter der Erde zwischen den beiden gigantischen Tunnelröhren, durch die täglich bis zu 55 000 Autos rauschen. Aber von diesen bekommt der Besucher nichts mit. Fast anderthalb Meter dicke Betonwände schlucken auch den letzten Rest an Fahrgeräuschen. Fast 900 Quadratmeter umfasst die Ausstellungsfläche, die sich architektonisch eigenwillig in einem eleganten elliptischen Bogen von ca. elf auf einen Meter verjüngt. Zugänglich ist die Ausstellungsfläche über einen eigens angelegten gläsernen Pavillon auf der Rheinpromenade, die nun um eine Attraktion reicher ist.

//

Oben Ausstellung im KIT

Rechte Seite Langgestreckter, spitz zulaufender Ausstellungsraum

21 // Kronleuchtersaal // Köln

Hier schwingen die Ratten das Tanzbein!

Die Akustik ist hervorragend, aber der Geruch ist streng, manche sagen auch widerlich. Für die ganz Empfindlichen gibt es frische Pfefferminzzweige, die sie sich unter die Nase halten können. Später wird sich der Geruch in den Kleidern festgesetzt haben. Trotzdem sind die Konzerte im Kronleuchtersaal des Kölner Abwassersystems immer sofort ausverkauft. Natürlich fragt sich jeder Besucher, was es mit einem Kronleuchtersaal im Abwassersystem auf sich hat. Eigentlich ist es ja eine traurige Geschichte. Da gaben sich die Kölner im ausgehenden 19. Jahrhundert so viel Mühe: Unter großem finanziellem und

logistischem Aufwand bauten sie ein für ganz Deutschland vorbildliches Abwassersystem. Sie waren berechtigterweise stolz auf ihre Leistung. Und dann sagte sich auch noch der deutsche Kaiser Wilhelm II. an, um das Herzstück der Kölner Kanalisation zu besichtigen. Für den großen Empfang im Jahre 1890 wurden eigens zwei respektable Kronleuchter mit je sechs Kerzen in dem gemauerten Gewölbe aufgehängt. Auf einer steinernen Gedenktafel sind die Namen derer eingemeißelt, die maßgeblich zur Realisierung der Anlage beigetragen haben. Und dann kam er nicht, der Kaiser. Er war zwar in Köln und besuchte eine Kaserne in Deutz, aber das Abwassersystem besichtigen wollte er nicht. Dafür haben die Kölner seither einen der eigenwilligsten Konzerträume der Republik.

Linke Seite Blick in den Kronleuchtersaal mit Kronleuchter und Gedenktafel

Oben Blick in die Gegenrichtung

22 // Fernwärmetunnel // Köln

Über den Köpfen rauscht der Fluss

Um in Köln von einer Rheinseite zur anderen zu kommen, gibt es sieben Brücken. Doch man kann den Fluss nicht nur über-, sondern auch unterqueren – ganz ohne Rheinpanorama, ohne den Blick auf Dom, Kranhäuser und Siebengebirge im Hintergrund. Der Weg führt durch den Fernwärmetunnel der Rheinenergie, der vom rechtsrheinischen Deutz aus schnurgerade zum linksrheinischen Ufer unter dem Fluss hindurchführt. In den dicken, gut isolierten Rohren, für die dieser Tunnel gebaut wurde, fließt die Fernwärme. Fast einen halben Kilometer läuft man auf einem schmalen Metallsteg an den gewaltigen Rohren entlang durch eine – wie mancher findet – viel zu enge Betonröhre. Und über dem Kopf rauscht tonnenschwer das Wasser des Rheins. Wie stark sind die Wände dieser Röhre? Was, wenn sie dem Wasserdruck nicht standhalten und wenn die Wassermassen des Rheins plötzlich in diese Röhre einbrechen? Aber solche Fragen werden sich höchstens dem ängstlichen Gemüt aufdrängen. Die Wände sind stark genug, auch noch größeren Wassermassen standzuhalten. Trotzdem macht sich dann doch bei dem einen oder anderen Erleichterung breit, wenn ein Schild darauf hinweist, dass bereits die Hälfte geschafft ist. Aufatmen, wenn die Treppen in Sicht kommen, über die man wieder ans Tageslicht steigt.

Linke Seite Bunt illuminiert: der Auf- und Abstieg des Fernwärmetunnels

Oben Tunnel mit Leitungstrassen

23 // Erlebnisbergwerk // Merkers

Ein glitzerndes Glückauf

Die Welt unter unseren Füßen ist löchrig, ausgehöhlt von Gängen, Schächten und Stollen, jederzeit bereit, uns zu verschlingen. Zumindest gilt das für die typischen Bergbauregionen wie das Ruhrgebiet oder Thüringen. Im ehemaligen Kalibergwerk Merkers hat das unterirdische Streckennetz eine Länge von 4600 Kilometern, das ist einmal quer durch ganz Europa. Zum Vergleich: Die Entfernung von Madrid nach Moskau (über Land) beträgt etwas mehr als 4000 Kilometer. Aber das Erlebnisbergwerk lockt mit noch ganz anderen Attraktionen. Als 1925 die Kaliproduktion aufgenommen wurde, war es die größte Kalifabrik weltweit. Im Dritten Reich, vor allem am Ende des Zweiten Weltkrieges, versteckten die Nazis große Teile des Reichsbankgoldes sowie wertvolle Kunstgegenstände in den Tiefen des Bergwerkes. 1980 entdeckte man die Kristallhöhle, an deren Decke und Wänden Salzkristalle mit bis zu einem Meter Kantenlänge glitzern. Außerdem wirbt das Besucherbergwerk heute mit dem tiefsten unterirdischen Konzertsaal weltweit.

Oben Besuchergruppe in der Kristallhöhle

Rechte Seite Riesige Salzkristalle an der Decke und an den Wänden der Kristallhöhle

24 //

Feengrotten // Saalfeld

Unter der Erde werden Märchen wahr

Feengrotte, Märchendom, Gralsburg – allerlei fantasievolle Beinamen schmücken das farbenprächtigste Grottensystem der Welt, das sogar den Weg ins Guiness-Buch der Rekorde gefunden hat und als Bühnenbildvorlage für die Venusgrotte im Tannhäuser gedient hat. Dass hier auch Märchenfilme gedreht wurden, versteht sich fast von selbst.

Was nach den Launen der Natur aussieht, ist in Wirklichkeit eine Art Spätfolge des Bergbaus. Vom 16. bis zur Mitte des 19. Jahrhunderts wurde hier auf drei Sohlen Alaunschiefer gebrochen, bis man das Bergwerk aufgab. An Weihnachten 1913 nahm dann das Märchen seinen Anfang: Auf der Suche nach einer Heilquelle wurde die farbenprächtigen Grotten entdeckt. Sie verdanken ihren Farbenreichtum der Tatsache, dass aus dem artenreichen Gestein unterschiedlichste wertvolle Mineralien ausgewaschen wurden, deren Vielzahl das Saalfeld-Kamsdorfer Bergbaurevier zu einer einzigartigen Schatzkiste macht. So konnten sich in den Hohlräumen des alten Bergwerkes jene bunten Tropfsteine bilden, die heute für ihre märchenhafte Ausstrahlung sorgen. Ein weiteres faszinierendes Kuriosum: Über den Saalfelder Grotten wächst eine Stieleiche, deren Wurzeln, die bis hinunter in die Höhle reichen, ebenfalls von den aussinternden Mineralien in Tropfsteine verwandelt wurden.

Links Die schönste und größte der Feengrotten

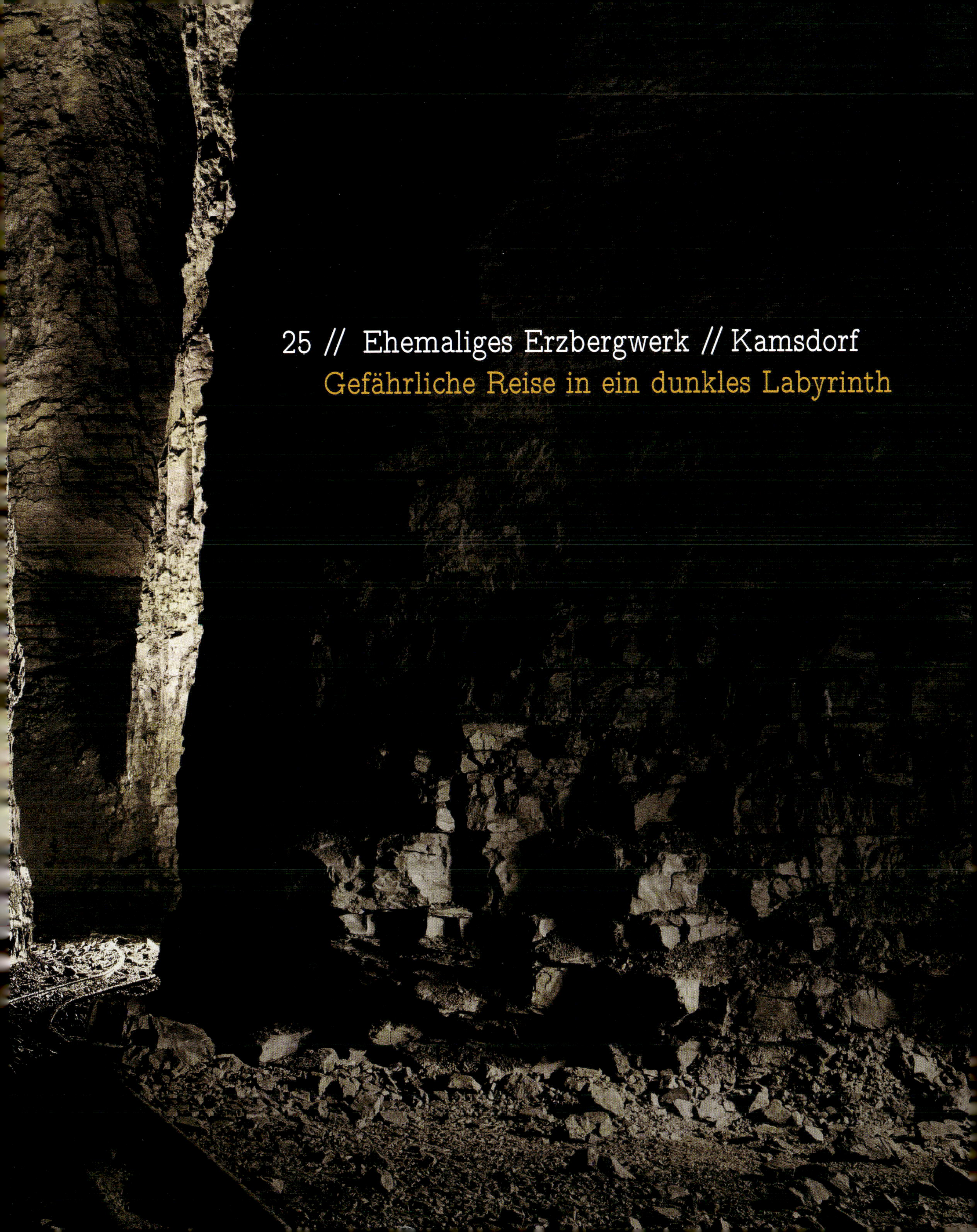

25 // Ehemaliges Erzbergwerk // Kamsdorf

Gefährliche Reise in ein dunkles Labyrinth

Unfassbare 3000 Kilometer unterirdische Gänge, Stollen und Schächte ziehen sich unter dem früheren Erzbergwerk Kamsdorf bei Saalfeld dahin. Das heutige Besucherbergwerk erschließt nur einen winzigen Teil davon. Aber auch dabei erahnen wir schon etwas von den unglaublichen Maßen dieser größten Abbaustätte im Saalfelder Revier. Im jüngeren Teil des Bergwerkes finden sich beeindruckende, riesige Hallen von bis zu 50 Metern Höhe, getragen von fünf bis sechs Meter dicken Säulen, die beim Abbau stehenblieben, um ein Einstürzen des sogenannten Deckgebirges zu verhindern. Im Lauf der Jahrhunderte galt das Interesse der Bergleute ganz unterschiedlichen Erzen. In prähistorischer Zeit waren es Kupfererze, die in oberflächennahem Grubenbau gefördert wurden, später dann vor allem der Brauneisenstein.

Im älteren Teil des Bergwerks fände ein Besucher nur enge Spalten und Klüfte, durch die er sich teilweise auf allen Vieren hindurchzwängen müsste. Hier, tief im Bauch des Berges, würde er aber entlohnt durch die Zeugnisse früher bergbaulicher Tätigkeit. An den Wänden finden sich noch Spuren von Hammer und Schlägel, den früher gebräuchlichen Werkzeugen. Diese erinnern an die Mühsal und Schwere der Arbeit in jener Zeit.

Vorhergehende Doppelseite Brauneisenstein-Abbaukammer in Kamsdorf, ca. 30 Meter hoch

Linke Seite Abbaukammer mit stehengelassenen Säulen, um das Deckgebirge zu stützen

Rechts Auf dem Boden der Abbaukammern sammelt sich Wasser

26 //
Bleßberghöhle //
Bleßberg

Schönheit, die im Verborgenen blüht

Da stoßen die Tunnelbauer beim Bau einer neuen ICE-Strecke von Berlin nach Nürnberg beim Vortrieb eines Tunnels durch das Bleßbergmassiv zufällig auf eine der schönsten Karsthöhlen Thüringens. Was zunächst nur ein Loch in der Tunnelwand ist, das mit Beton verfüllt werden soll, entpuppt sich als Teil einer großen Höhle. Sondierungen der schnell herbeigeeilten Höhlenforscher führen zu Verzögerungen beim Bau, die Bahn macht Druck. Ein Antrag auf Baustopp scheitert. Beim Weiterbau wird an der gegenüberliegenden Tunnelwand ein weiterer, aberer kleinerer Teil der Höhle angeschnitten. Diesmal dürfen die Höhlenforscher sich etwas ausgiebiger umsehen. Und knapp sechs Wochen später stößt der Bautrupp dann auf eine zweite Höhle (Bleßberg II).
Die Höhlenforscher entfalten hektische Aktivitäten zur Erkundung und Kartierung der Höhlen. Wiederum bleibt nur wenig Zeit. Schließlich werden alle beim Tunnelbau gefundenen Zugänge von der Bahn mit Beton verschlossen. Damit scheinen die beiden Bleßberghöhlen für immer den Augen der Forscher entzogen zu sein. Dann aber gelingt es, von außen einen Forschungszugang zu legen. Die Freude der Höhlenkundler ist groß, können sie doch jetzt in aller Ruhe die Höhlen erkunden und vermessen. Leider scheitern alle Überlegungen, die Höhlen für die Öffentlichkeit zugänglich zu machen, an den immensen Kosten für die nötige Infrastruktur.

//

Links Höhlenforscher bei der Erkundung der Blessberghöhle

Nachfolgende Doppelseite Ohne den Bau des ICE-Tunnels wäre die faszinierende Höhle vielleicht entdeckt nie worden

27 // Ehemaliger Regierungsbunker // Marienthal

Im Ernstfall untauglich

Eine riesige unterirdische Stadt, angelegt in Tunneln von insgesamt 17,3 Kilometern Länge, mit Platz für 3000 Personen aus der Bonner Regierung und Verwaltung – das war der Regierungsbunker im Ahrtal. In den Jahren 1960 bis 1972 unter strengster Geheimhaltung gebaut, sollte er im Falle eines Atomkrieges das Überleben und die Funktionsfähigkeit der Bundesregierung sichern.

Geprobt wurde dies regelmäßig alle zwei Jahre. 1200 Menschen wurden etwa im Rahmen der NATO-Übung Fallex66 für mehr als eine Woche komplett von der Außenwelt abgeschnitten, um im Atombunker den Ernstfall – und das Zusammenleben – zu üben. Dass man schon innerhalb der Bauphase begriff, dass der Bunker einem massiven Atomschlag nicht standhalten würde, gehört zur Ironie der Geschichte. Ebenso die Tatsache, dass der DDR-Geheimdienst bereits während der Bauzeit bestens über das geheimste Projekt der BRD informiert war – durch den im Bunker als Handwerker beschäftigten Spion Lorenz Betzing.

Linke Seite Spiel mit Licht und Schatten im rückgebauten Teil der Anlage

Oben Eindringendes Grundwasser wird die tiefergelegenen Bereiche der unterirdischen ›Stadt‹ nach und nach erobern

///

Linke Seite oben Trenngitter zwischen dem Museumsbereich und der alten Tunnelröhre

Linke Seite unten Komplett entkernter und rückgebauter Teil der Anlage

Oben Im Chic der 1960er-Jahre: Besprechungsraum des Bundespräsidenten

Nachfolgende Doppelseite Komplett entkernte Tunnelröhre

28 // Untertageanlage // Lorch

40 Millionen Euro im Berg versenkt

Die Nationalsozialisten hatten es vorgemacht: Wer in Kriegs- und Krisenzeiten möglichst unangreifbar sein wollte, grub sich tief in die Erde. In Lorch, im Rheingau, baute die Bundeswehr während des Kalten Krieges gleich zwei riesige Untertageanlagen. Zwischen 1962 und 1974 entstand für ca. 78 Millionen Deutsche Mark das Gerätehauptdepot, in dem von der Schraube bis zum Jeep alles gelagert wurde, was die Bundeswehr an ›Gerät‹ im Einsatz hatte. Mit seinen ca. 48 000 Quadratmetern war dieses riesige Stollensystem komplett in den Ranselberg eingegraben. Es konnte hermetisch abgeriegelt werden.

Nur ein Jahr nach der Fertigstellung wurde das Sanitätshauptdepot, in dem Material für den Sanitätsdienst der Bundeswehr vorgehalten wurde, in Betrieb genommen. Neben 20 000 Quadratmetern unterirdischer Stollen gehörten zu dieser Anlage auch oberirdische Bauten.
Für die Kleinstadt war das Bundeswehrdepot mit etwa 1000 Soldaten und rund 600 Jobs für zivile Arbeitnehmer ein wichtiger Wirtschaftsfaktor. Die Entscheidung, nach dem Ende des Ost-Westkonfliktes den Standort Lorch aufzulösen, traf die Stadt hart. Die ersten Soldaten verließen den Stützpunkt 1993, die endgültige Schließung folgte 2013. Die oberirdischen Anlagen wurden an private Investoren verkauft, die unterirdischen Bereiche sollen zurückgebaut werden.

Linke Seite Der Entlüftungsschacht zur Frischluftregulierung diente gleichzeitig als Notausstieg

Oben Die gesamte Anlage war sehr symmetrisch angelegt

29 // Ehemalige US-Atomrakentenbasis // Rittersdorf

Vergessener Zeuge des Kalten Krieges

Der Platz war gut gewählt: ein kleines verschlafenes Nest in der Südeifel, im äußersten ländlichen Westzipfel der Bundesrepublik. Hier war das Thema Stationierung von Atomraketen durch amerikanische Streitkräfte kein Aufreger, wenn es überhaupt einmal an die Öffentlichkeit dringen sollte. Da die Anlage in Zeiten der atomaren Aufrüstung strengster Geheimhaltung unterlag, ist auch heute noch wenig über sie bekannt. Als sicher gilt, dass in der Nähe des Ortes von 1956 bis 1961 in verbun-

kerten Silos der US-Streitkräfte Marschflugkörper vom Typ TM-61 Matador auf unterirdischen Abschussrampen lagerten. Jederzeit abschussbereit!
Die Raketenbasis gehörte wie die beiden vergleichbaren Anlagen in Steinborn und Idesheim zu der in Bitburg (Bitburg Air Base) stationierten ersten US-amerikanischen atomwaffenfähigen Einheit auf deutschem Boden. Einige Fotos belegen den Zustand der verlassenen Anlage. Die verbliebenen technischen Vorrichtungen rosten vor sich hin und würden dem Vergessen anheim fallen, gäbe es nicht einige Hobbyforscher, die mit großer Leidenschaft Objekte wie dieses erkunden. Heute befindet sich das Silo im Privatbesitz.

Linke Seite Blick in einen der Abgastunnel der Raketensilos
Oben Abschussvorrichtung in einem der Silos

DANGER
HIGH
VOLTAGE

Linke Seite oben Warnhinweis wegen Hochspannung

Linke Seite unten Elektrische Leitungen in einem der unterirdischen Verbindungstunnel

Oben Vor sich hin rostende Teile der alten Spannungsversorgung

30 // Weinkeller // Traben-Trarbach

Ewig währt die fröhliche Weinnacht

Wer durch die Gassen der beliebten Moselstadt mit ihren Jugendstil-Fassaden flaniert, ahnt nicht, dass unter seinen Füßen noch eine zweite Stadt lebt. Die Unterwelt von Traben-Trarbach besteht aus unzähligen Kellern, dunklen Gewölben und langen Gängen, die die einzelnen Keller miteinander verbinden. Spannende Entdeckungen gibt es da zu machen. Die alten Gemäuer atmen etwas vom Geist des ausgehenden 19. Jahrhunderts, als Traben-Trarbach nach Bordeaux die zweit-

größte Weinhandelsstadt Europas war. Sie verdankte dies der Beliebtheit des Rieslings, der auch heute noch als einer der besten Weißweine der Welt gilt. Der kostbare Tropfen war so erfolgreich, dass viele neue Weingüter gegründet wurden. Und sie alle brauchten Verarbeitungs- und Lagermöglichkeiten. Viele Keller entstanden in jener Zeit, doch gibt es auch etliche, die weit älter sind und in ihrer Geschichte bis ins Mittelalter zurückreichen. Eine ganz besonders reizvolle Art, diese Unterwelt aus Gewölben und Kellern kennenzulernen, sind die alljährlich stattfindenden »Mosel-Wein-Nachts-Märkte«.

Linke Seite Kellergewölbe, Getränkegroßhandel Krempel, OT Trarbach
Oben Weinkeller des Weinguts Ullrich Treitz, OT Trarbach

31 //
Alter Stollen // Mehring

Hinter verschlossenen Türen

Ein Stollenzugang in einem kleinen Waldstück unweit der Mosel, eine Tresortür, Hinweisschilder zum Umgang mit Chemikalien – das sind die einzigen Hinweise auf die Funktion dieses geheimnisumwitterten Bauwerks in der Nähe von Mehring.

Wer ursprünglich die alten Stollen hat bauen lassen, das weiß auch in der Stadtverwaltung von Mehring heute niemand mehr. Hinweise in den öffentlichen Archiven fanden sich bisher nicht. Die Grundstücksflächen, auf denen sich die Stollen befinden, wurden 1961 an die Moselkraftwerke Andernach verkauft, die jedoch auch nicht mehr existieren. Trotz aller Recherchen bleiben nur Gerüchte, die sich um die geheimnisvollen Stollen ranken: Demnach sollen sie schon im Zweiten Weltkrieg existiert haben, allerdings nicht als Luftschutzbunker genutzt worden sein. Die Tresortür jedoch stammt vermutlich aus den späten 1960er-Jahren. Ein Fixierbecken, wie es von Fotografen genutzt wird, und die Angabe eines Zeitzeugen, dass in einem der Stollen Mikrofilme gelagert worden sein sollen, könnten Indizien dafür sein, dass hier zu Zeiten des Kalten Krieges Foto- oder Filmmaterial verarbeitet und gelagert wurde.

Links Mehr als nur ein simpler Stollen – eine Rohrleitung, elektrisches Licht, das immer noch funktioniert

Linke Seite Verbirgt sich in dem wassergefüllten Schacht doch noch ein großes Geheimnis?

Oben Eine Tür, wie sie sonst nur in Tresoren verbaut wird. Was war so wertvoll, dass es hinter dieser Tür versteckt werden musste?

32 // Beinhaus // Oppenheim

Schaurige Schädelstätte

Eine Wand aus Totenschädeln mit großen, leeren Augenhöhlen, dazwischen die blanken Knochen Tausender Verblichener – das ist der makabere Anblick, der den Besucher im Gewölbekeller der Katharinenkirche in Oppenheim erwartet, wo sich das Beinhaus, auch Ossuarium oder Karner genannt, befindet. Es ist eines der größten seiner Art in Deutschland. Die Gebeine von etwa 20 000 Oppenheimer Bürgern aus mehreren Jahrhunderten stapeln sich hier bis unter die Gewölbedecke – sorgfältig, fast liebevoll aufeinander geschichtet. Wer sich als gläubiger Katholik einen Platz im Himmel sichern wollte,

musste nicht nur ein gottgefälliges Leben führen, sondern auch danach trachten, seine sterblichen Überreste nicht allzu weit von einem Kirchenaltar bestatten zu lassen, besser noch in der Nähe von Reliquien. Deshalb wurden auch in Oppenheim die Toten innerhalb der Kirchumfriedung beigesetzt. Im 14. Jahrhundert wurde es allerdings eng auf diesem Areal, weshalb man die Gebeine nach einer festgelegten Liegezeit ausgrub und ins Beinhaus umbettete, um so die Verstorbenen bis zur erlösenden Auferstehung am Tag des Jüngsten Gerichts im Totenreich zu beschützen.

Linke Seite Manche Schädel wurden offenbar so oft angefasst, dass sie blankgerieben sind

Oben Bis unter die Gewölbedecke sind die Gebeine fein säuberlich aufgeschichtet

33 // Schieferbergwerk // Thüringen

Gerade erst verlassen

Im Thüringer Schiefergebirge, das an den Thüringer Wald angrenzt, entstanden viele Orte als Bergarbeitersiedlungen. Abgebaut wurde seit dem 15. Jahrhundert vor allem Schiefer, in kleinerem Umfang auch Kupfer- und Eisenerze sowie Alaun und Vitriol. Verglichen mit anderen Gruben – etwa denen im Saalfeld-Kamsdorfer Revier – ist das Schieferbergwerk UWB ein eher kleines Bergwerk, doch dem Tal, in dem es liegt, hat es einen bescheidenen Wohlstand beschert. In der Region war zuvor schon Kupfer und Eisenerz geschürft worden, etwa ab 1835 wurde dann Schiefer abgebaut. Dies geschah zunächst auch im Tagebau, um 1865 ging es dann unter Tage.

Doch der Schiefer war nicht besonders hochwertig, weshalb man ab 1935 nur noch Schiefersplitt statt Dachschiefer produzierte. Kurz vor der deutsch-deutschen Wiedervereinigung wurde die Grube stillgelegt. Die Hinterlassenschaften in den Stollen wie die Schienen der Grubenbahn, Schütten, Wetterung und ein Plattenhund lassen den Eindruck entstehen, als sei die Arbeit nicht schon vor Jahrzehnten, sondern gerade erst eingestellt worden.

Links Die Schienen der Grubenbahn im Hauptstollen

38

34 // Eisenerzbergwerk // Saalfeld

Im Bauch der Bestie

Es sind Bilder von surrealer Schönheit – geheimnisvoll, düster, furchterregend. Der Fantasie sind angesichts dieser Ansichten aus dem Bauch der Erde keine Grenzen gesetzt, man glaubt sich im Schlund eines Märchenungeheuers oder im Reich von Gollum aus Tolkiens »Herr der Ringe«. Bei Tageslicht betrachtet handelt es sich um Aufnahmen aus einem alten Eisenerzbergwerk in Thüringen in der Umgebung von Saalfeld. Ab dem 16. Jahrhundert wurde in der Region nach Eisenerz, Gold, Alaun und Schiefer gegraben. Die abgebildete Grube nahm 1872 den Betrieb auf. Durch den Bau einer Seilbahn in den 1940er-Jahren konnte die Menge des verhütteten Erzes sprunghaft gesteigert werden. 1969 wurde die Förderung eingestellt, seitdem ist die Grube verlassen. Ein Hotelbetreiber kaufte das gesamte Anwesen und machte die ersten 600 Meter des Stollen 2001 als Schaubergwerk wieder zugänglich. Die umgebauten ehemaligen Betriebsgebäude über Tage fungieren heute als Hotel.

Oben Streckenverzweigung
Linke Seite oben Stahlsegmentausbau mit Verzug aus Betonplatten
Linke Seite unten Rollentrichter im Abbautiefsten

35 // Erzbergwerk // Schmiedefeld

Glücklose Grube

Schmiedefeld verdankt seine Existenz dem Erz. Davon gab es reichlich in der Erde des Thüringer Waldes und des Schiefergebirges. Auch in der Umgebung von Schmiedefeld siedelten sich mehrere Erzgruben an. Und im Ort selbst wurde das Eisen geschmiedet. Zwei dieser Bergwerke lassen sich heute noch besichtigen. Allein der Erzgrube SW scheint es nie so richtig gut gegangen zu sein. Seit dem 17. Jahrhundert wurde hier unter Tage Blei, Kupfer, Vitriol und Eisenerz abgebaut, die Förderung aber im Lauf der Jahrzehnte immer wieder eingestellt. Eindringendes Wasser, Absatzschwierigkeiten, Besitzerwechsel, der

Bau neuer Strecken – immer wieder wird der Betrieb gestoppt. Reichtum oder Glück hat die Grube kaum jemandem gebracht. Vor allem nicht den polnischen, belgischen und französischen Kriegsgefangenen, die ab 1939 unter härtesten Arbeitsbedingungen unter Tage schuften mussten.
Nach dem Krieg – zwischen 1954 und 1972 – fraß sich ein modernisierter Grubenbetrieb noch einmal tief in das Herz des Berges. Dann wurde die Grube stillgelegt, die technische Einrichtung fast komplett abgebaut. Zurück blieben 42 Kilometer Strecken und Schächte auf neun Sohlen, deren untere sechs Sohlen sich mit Grundwasser füllten. Die Eingänge zu den oberen Sohlen wurden mit Beton verfüllt, sodass sich heute niemand mehr der stillen Schönheit dieses verlassenen Ortes und seiner dunklen Faszination hingeben kann.

Oben Vorbrecherhalle im Bereich des Hauptschachtes
Linke Seite Wetterstrecke

36 // Schieferbergbau // Saalfelder Revier

Der Menschheit Kraft, vom Bergmann wird's geschafft alter Bergmannsspruch

Das Saalfeld-Kamsdorfer Bergbaurevier ist einer der größten und vielfältigsten zusammenhängenden Grubenkomplexe Deutschlands. Das Zusammentreffen von Buntsandstein-, Muschelkalk- und Keuperschichten mit dem Schiefer machen die Vielgestaltigkeit und Reichhaltigkeit dieses Reviers aus. Neben Kupfer-, Silber- und Eisenerz wurde vereinzelt auch Gold gefunden, neben Gips wurde großräumig Schiefer unter Tage abgebaut. Während die Untertageförderung vor etwa einem halben Jahrhundert eingestellt wurde, gewinnt man bis heute im Großtagebau noch Schotter.
In der Zeit des Nationalsozialismus wurden kriegswichtige Produktionsstätten nach Untertage verlagert, wo sie vor der Bombardierung durch die Alliierten geschützt waren. Auch Stollen des Saalfelder Reviers dienten der Produktion von Rüstungsgütern zum Teil aber auch als Depot- und Lagerstätten. Viele der alten Anlagen gerieten nach dem Krieg völlig in Vergessenheit. Was für ein seltsames anrührendes Gefühl, heute ein solches Bergwerk nach über siebzig Jahren völliger Abgeschlossenheit zu betreten und wie in einer Zeitkapsel auf die Überbleibsel jener Zeit zu stoßen. Unter dem Licht der Taschenlampe leuchtet der anstehende Schiefer in einem faszinierend tiefdunklen Blau. In den Wasserpfützen hat sich ein weißer Niederschlag gebildet, an anderen Stellen leuchten die Tümpel durch ausgewaschene Mineralien türkisblau.

///

Links Abbaukammer im Schiefergestein mit großem See; die Kammer ist ca. 30 bis 40 Meter hoch und steht zur Hälfte unter Wasser

Nachfolgende Doppelseite Etwas verloren wirkt der Mensch in der riesigen Abbaukammer

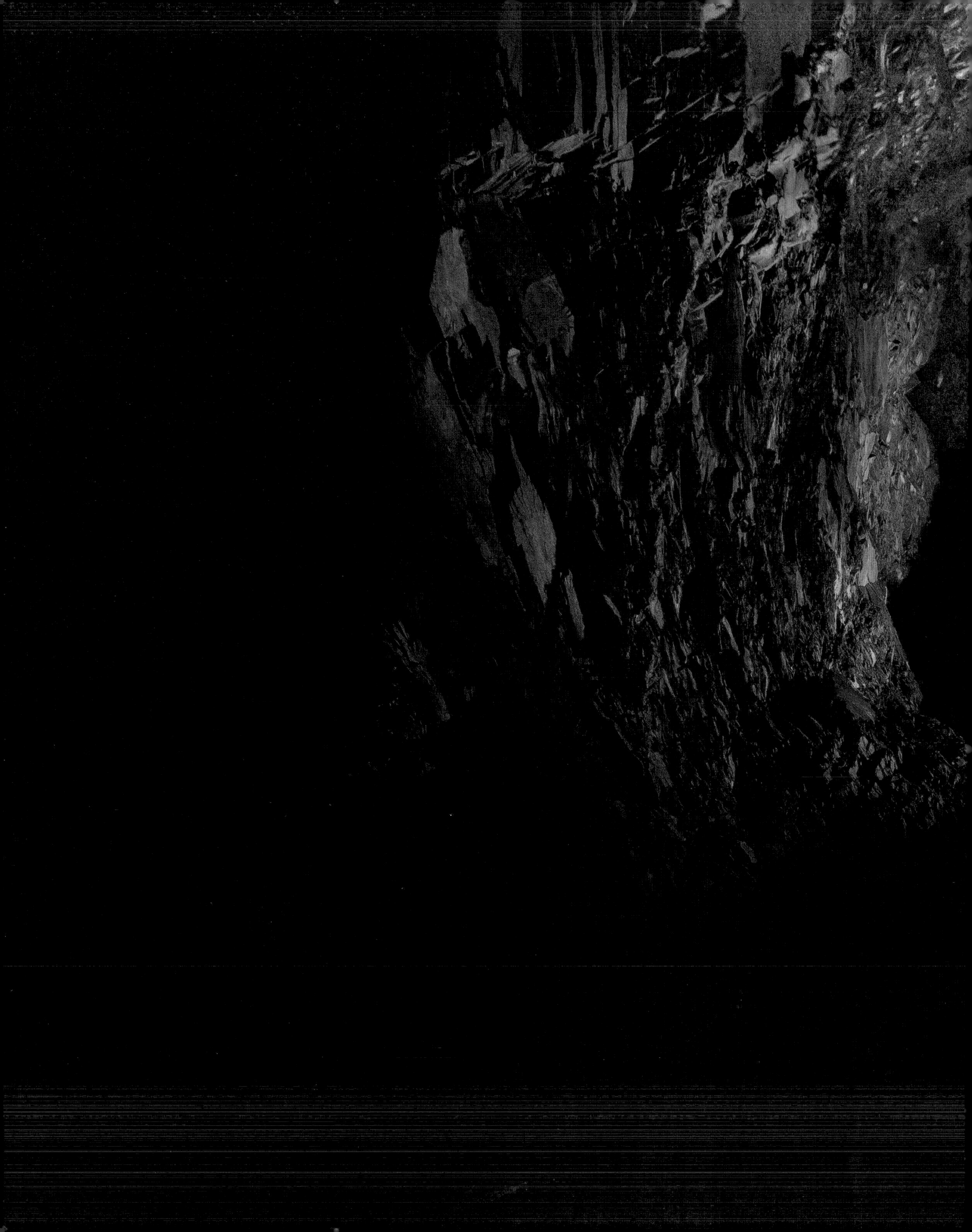

//

Linke Seite oben Zurückgelassener Überkopflader im Bergwerk

Linke Seite unten Durch die Wasserschläuche wurde Wasser zum Staubbinden und zu Kühlzwecken in den Stollen gepumpt

Oben Schriftzug »1901 Glück auf« auf der Wand der Eingangshalle im Bergwerk

Nachfolgende Doppelseite In der Eingangshalle steht das Wasser kniehoch, Eisenoxid-Ablagerungen färben es rostbraun

37 // Beinhaus // Westhofen

Hier ruhen sie in Frieden

Das größte Beinhaus Deutschlands befindet sich in der rheinlandpfälzischen Kleinstadt Oppenheim, doch die benachbarte kleine Gemeinde Westhofen besitzt ebenfalls einen Gewölbekeller voller Gebeine. Entdeckt wurde dieser durch einen Zufall. 1983 standen in der katholischen Kirche Renovierungsarbeiten an. Dabei wurde zum ersten Mal nach vermutlich 400 Jahren jener Keller geöffnet, in dem sich die gesammelten Gebeine von ca. 3000 Toten befinden. Genau gezählt hat man nicht. Im frühen Mittelalter stand an dieser Stelle nur eine kleine Friedhofskapelle. Die Pest und die allgemein hohe Sterblichkeit führten dazu, dass der Platz auf dem Friedhof bald nicht mehr ausreichte, also wurden die Knochen früher Verstorbener ausgegraben und im Keller der Kapelle gesammelt.

Hier in Westhofen sind die Schädel und Knochen nicht so fein säuberlich aufgeschichtet wie bei der großen Nachbarin. Vermutlich aber war das Gewölbe unter der katholischen Kirche früher ebenso bis unter die Decke angefüllt, aber im Lauf der Jahrhunderte dürfte der ganze Hügel in sich zusammengesunken sein. In Westhofen lässt man den Toten ihre Ruhe. Deshalb ist das Beinhaus auch nicht öffentlich zugänglich.

Linke Seite Fast bunt wirkt das Sammelsurium der ausgeblichenen Gebeine

Oben Unberührt – aus Respekt vor den Toten werden die Gebeine nicht aufgeschichtet wie in anderen Gebeinhäusern

38 // Felsenkeller // Kleinsendelbach

Vögel singen nie in Höhlen Henry David Thoreau

Wie überall in Deutschland wurde auch im südlichen Oberfranken in den letzten beiden Kriegsjahren die Produktion von kriegswichtigen Gütern in bereits bestehende unterirdische Anlagen wie Bergwerke, Stollen und Keller verlegt, um sie vor Angriffen zu schützen. Der Felsenkeller in Kleinsendelbach, in dem bis dahin vermutlich Bierfässer gelagert wurden, war einer von vielen umgenutzten Räumlichkeiten. Sein Alter wird auf mehrere Hundert Jahre geschätzt. Mehrere Einzelkeller waren im Laufe der Zeit zu einem Kellergewölbe verbunden worden. Nachdem das NS-Regime ihn für die Produktion von elektrischen Kleingeräten vereinnahmt hatte, wurden die vorhandenen Räumlichkeiten noch einmal erweitert, u. a. wurde der Boden betoniert. Im Gegensatz zu vielen anderen Projekten im Rahmen der U-Verlagerung war Kleinsendelbach auch tatsächlich ein Produktionsstandort. Etwa anderthalb Jahre schufteten Zwangsarbeiter hier unter unmenschlichen Bedingungen, bis das Kriegsende sie erlöste.

Linke Seite Da die Anlage relativ frei zugänglich ist, sammelt sich in ihrem Innern der Wohlstandsmüll

Oben Im Lauf der Zeit wurden die Keller durch Stollen miteinander verbunden

39 // Palmenhofbunker // Nürnberg

Letzte Bastion der Unverbesserlichen

Nürnberg ist bekannt für seine Brauereien, und der Palmenhofbunker (oft auch nur Palmenbunker) war einer von mehreren Bierkellern in der Altstadt. Wo einst Fässer lagerten, wurde im Zweiten Weltkrieg die zentrale Befehlsstelle des Luftschutzes von Nürnberg eingerichtet. Als im April 1945 amerikanische Truppen Nürnberg einnahmen, verschanzte sich im Palmenhofbunker eine Schar unverbesserlicher Anhänger des Nazi-Regimes und versuchte von dort aus, Widerstand zu leisten, während die Amerikaner auf dem Nürnberger Hauptmarkt bereits ihre Siegesfeier abhielten. Aus den Räumen des Polizeipräsidiums, das über dem Keller eingerichtet war, eröffneten sie das Feuer auf Nürnberger Bürger, die sich ergeben hatten. Mehrere Menschen starben. Als sie schließlich die Aussichtslosigkeit ihres Unterfangens einsahen, begingen einige von ihnen Selbstmord, darunter auch der nationalsozialistische Nürnberger Bürgermeister Willy Liebel.

Links Überreste der Lüftungsanlage im Palmenhofbunker

Besprechungszimmer
d. Höh. SS u. Pol. Führ. i. Wehrkr. XIII

Peace

Linke Seite oben Zugang mit Schriftzug zum Besprechungsraum
Linke Seite unten Der große Besprechungsraum
Oben Zugang zur Befehlsstelle Palmenhof

40 // Paniersbunker // Nürnberg

Vom Bierkeller zum Luftschutzbunker

Mehr als 40 Brauereien gab es im Mittelalter in Nürnberg. Und mindestens genauso viele unterirdische Bierkeller. Der Großteil dürfte im ausgehenden Mittelalter entstanden sein, als eine Stadtverordnung alle Bierbrauer Nürnbergs dazu zwang, unterirdische Kühlräume zu schaffen, um ihr Bier zu lagern. Im Zweiten Weltkrieg entsann man sich dieser unterirdischen Kühlkeller, die ihre Funktion zwischenzeitlich eingebüßt hatten. Sie wurden zu Luftschutzräumen umfunktioniert und teilweise durch neugegrabene Stollen untereinander verbunden, sodass man im Zweifelsfalle von einem Keller zum anderen flüchten konnte. Über eigene Zugänge für Schulen konnten Lehrer und Schüler die Keller in der Altstadt bei Bombenalarm schnell erreichen.

Doch obwohl Nürnberg über viele unterirdische Luftschutzräume verfügte, herrschte dort im Ernstfall meist Platznot: Im Paniersbunker, der eigentlich für 10 000 Menschen ausgelegt war, sollen sich nach Schätzungen von Augenzeugen zeitweilig 80 000 Schutzsuchende gleichzeitig versammelt haben.

Rechts Eine der unzähligen Treppen in dem Bunkerkomplex

Gerüchte verbreiten
ist Lande… rat

//

Linke Seite Sprüche wie dieser finden sich an zahlreichen Stellen an den Wänden im Bunker

Oben Schutzraum tief im Bunker, Sandstein und Klinkergewölbe wurden in der Anlage stellenweise gegen eindringendes Wasser mit Spritzbeton abgedichtet

Unten Verbindungsgang im Bunkerinnern mit vielen Nischen, auch hier sind die Wände gegen eindringendes Sickerwasser mit Spritzbeton verkleidet

41 // Bunkerhotel // Nürnberg

Frischluft? Aussicht? Fehlanzeige!

17

Nürnberg, die Stadt der Reichsparteitage, war für die Alliierten ein Symbol für das Nazi-Regime. Vor allem aus diesem Grund fanden die Prozesse gegen die Kriegsverbrecher hier in der fränkischen Metropole statt. Dazu kam, dass der Nürnberger Justizpalast und ein in unmittelbarer Nähe gelegenes Gefängnis bei den massiven Bombenattacken der amerikanischen Streitkräfte kaum nennenswerten Schaden erlitten hatten. Nun fehlte es nur noch an Unterbringungsmöglichkeiten für die Prozessbeteiligten. Denn als die Verhandlungen im November 1945 begannen, war Nürnberg zu 90 Prozent zerstört, es gab kaum Hotelzimmer; diese wurden aber dringend gebraucht. Denn neben den Anklägern und den Richtern mitsamt ihren großen Mitarbeiter- und Beraterstäben nahmen auch Berichterstatter aus aller Welt an den Prozessen teil. Kurzerhand wurde unter dem Obstmarkt der ehemalige zivile Luftschutzbunker aus dem Zweiten Weltkrieg in ein Hotel umfunktioniert. Um die Bunker-Optik und die Tristesse in den unterirdischen Räumlichkeiten abzumildern, ließ man die Korridore mit Wandbildern bemalen, die bekannte historische Bauwerke der Stadt zeigen. Ob das tatsächlich gegen die klaustrophobische Enge half, darf bezweifelt werden.

Vorhergehende Doppelseite Waschraum im Bunker
Linke Seite oben Flur mit Wandmalereien
Linke Seite unten Eines der Treppenhäuser
Oben Eingangstür zum Hotelkomplex

42 // Tucher Keller // Nürnberg

Ein Keller, viele Nutzungen

Die Tucher Brauerei war und ist eine der größeren Brauereien Nürnbergs. So verfügte sie auch über zwei entsprechend große Keller, in denen das Bier gelagert wurde. Im Winter schnitt man in der Umgebung Eisblöcke aus gefrorenen Gewässern und lagerte sie hier ein, was bis in den Sommer die Temperatur in den Kellern niedrig hielt. Lüftungsschächte sorgten für eine nachhaltige Luftzirkulation – so wurde anhaltender Feuchtigkeit und Schimmelbildung entgegengewirkt.

Auch die Keller der Tucher Brauerei dienten im Zweiten Weltkrieg als Luftschutzbunker. Doch während andere Schutzräume

nach dem Krieg dem Vergessen anheimfielen, wurden sie im Kalten Krieg zum Atomschutzbunker aufgerüstet. Beide Keller waren durch einen Stollen miteinander verbunden. Der größere der beiden war für 1290 Schutzsuchende ausgelegt, der kleinere bot 590 Personen Platz. Als Zivilschutzanlage waren sie mit Notstromaggregaten, Küchen, Toiletten und modernen Luftschutztüren ausgestattet.
Bis ins Jahr 2006 war die Anlage betriebsbereit, dann wurde sie stillgelegt. Heute herrschen Feuchtigkeit und Schimmel in den Gemäuern unter Tage.

Linke Seite Das Relief im Eingangsbereich der Anlage belegt, dass der Atombunker schon im Zweiten Weltkrieg als Zivilschutzanlage genutzt wurde

Oben Schleuse, die die beiden Teile (Großer Tucher Keller/Kleiner Tucher Keller) voneinander trennt

Unten Überreste der ehemaligen Bunkerküche

//

Linke Seite oben Schutzraum mit Nischen und phosphoriszierenden Streifen, die im Dunkeln leuchten und bei der Orientierung helfen

Linke Seite unten Waschraum

Oben Abwasserkanal, der den Bunker aber auch mit anderen Anlagen verband

43 //
Deutsche Bahn-Bunker // Nürnberg
Leitstelle im Untergrund

Neben Bunkern für die Zivilbevölkerung gab es immer auch Schutzeinrichtungen für die Befehls- oder Leitstellen der Verwaltung – nicht nur während des Zweiten Weltkrieges, sondern auch in der Zeit des Kalten Krieges. Ein besonders gut erhaltenes Beispiel hierfür ist der Bunker der Deutschen Bahn in Nürnberg.
1899 hatte ein kluger Bürgermeister das Eisenbahnmuseum von München nach Nürnberg geholt. Ein Jahr vor dem Ausbruch des Zweiten Weltkrieges wurde unter dem Museum der Bunker für die Befehlsleitstelle der Deutschen Reichsbahn eingerichtet. Die Menschen, die hier arbeiteten, hatten auch ihre Wohn- und Schlafräume in dem unterirdischen Komplex. Nach dem Ende des Krieges blieb der Bunker im Besitz der Bahn. Er wurde technisch aufgerüstet und zum Atomschutzbunker ausgebaut, um im Falle erneuter Kriegshandlungen als Leitstelle für den Schienenverkehr zu dienen. Der mittlerweile stillgelegte Bunker ist auch heute noch komplett eingerichtet.

Rechts Zugang zum Museum der Deutschen Bahn

//

Linke Seite Technikraum mit Büroeinrichtung

Oben Flur im Bunker

Nachfolgende Doppelseite Archivraum mit Filmrollen

19
25
26
27
28
29
30
21
22
23
24
31
32
33
34
35
36
37
38
39
40

41
42
43
44
45
46
47
48
49
50

44 // U-Bahn-Baustelle // Nürnberg

Ohne Fahrer durch Nürnbergs U-Röhren

Was ist eine Unterpflasterstraßenbahn? Nie gehört? Vereinfacht ausgedrückt handelt es sich dabei um eine Straßenbahn, die nur auf Teilabschnitten unter dem Straßenpflaster fährt, also im Untergrund. Genau genommen trifft das auch heute noch auf viele U-Bahnen in unseren Städten zu. Nur benennt man diese nicht mehr mit dem etwas altertümlich wirkenden Begriff.
Überlegungen für eine Unterpflasterstraßenbahn gab es in Nürnberg schon in den 20er-Jahren des vergangenen Jahrhunderts. Umgesetzt wurden diese zunächst nicht. Es waren die Nationalsozialisten, die erste Teilstrecken unter die Erde verlegten. Bei großen Versammlungen auf dem Gelände des Reichsparteitages hätten die dort verkehrenden Bahnen die Aufmärsche gestört.

Nach dem Krieg sollte es dann wieder Jahre dauern, bis die Planungen zur Erweiterung des unterirdischen Netzes vorangetrieben wurden. Erst 1965 kam es zu einer entsprechenden Beschlussfassung im Stadtrat. 1972 wurde die U-Bahn Nürnberg eröffnet und in den folgenden Jahren stetig erweitert. Und seit 2008 besitzt Nürnberg gar die erste fahrerlose U-Bahnlinie in Deutschland, die im Dauerbetrieb fährt. Das unterirdische Netz wird zurzeit weiter ausgebaut.

Vorhergehende Doppelseite Aktueller Bauabschnitt eines Tunnels für die U3 im Rohbau

Linke Seite Schacht für den Notausgang

Oben Bahnhof Nordklinikum im Rohbau

45 // Bunker Krebsgasse // Nürnberg

Gerüstet für den Atomkrieg?

VORSICHT
STUFE

ZUR KREBSGASSE

Unter den zahlreichen Atomschutzanlagen Nürnbergs nimmt der Bunker Krebsgasse eine Sonderstellung ein: Er war die erste Anlage dieser Art in der Stadt. Alle nachfolgenden Atomschutzbauten folgten einem Bau- und Ausrüstungsschema. Der Bunker in der Krebsgasse sollte im Ernstfall knapp 2000 Menschen aufnehmen – in der Theorie zumindest, denn die realen Raumverhältnisse sprechen eine andere Sprache. Platz für Bewegung – vom Gang auf die Toilette mal abgesehen – hätte es bei voller Besetzung schlichtweg nicht gegeben. Wer nicht gerade seine Schlafschicht von acht Stunden absolvierte, hätte die restlichen 16 Stunden auf engstem Raum Mann neben Mann sitzen müssen. Solche und andere Fehleinschätzungen sind auch von vielen anderen Atombunkern bekannt, einem direkten Treffer hätte wohl keine dieser Anlagen standgehalten. Und nach spätestens 14 Tagen wäre der Aufenthalt im Bunker zwangsweise zu Ende gewesen, da zu diesem Zeitpunkt der gebunkerte Dieseltreibstoff für die Generatoren aufgebraucht gewesen wäre. Der Bunker Krebsgasse ist heute im Privatbesitz. Er befindet sich noch im selben Zustand wie zum Zeitpunkt der Außerbetriebnahme.

//

Vorhergehende Doppelseite Die Eingangsschleuse war die größte ihrer Art in der Stadt

Linke Seite oben Treppenhaus und weitere Schleuse

Linke Seite unten Perspektive aus der obersten Etage eines Stockbettes: Luftauslässe befinden sich im Liegen nur etwa 30 Zentimeter vom Gesicht entfernt

Oben Die Hauptschleuse bei Notbeleuchtung

Unten Alles in beklemmender Enge: Betten und Sitzbänke

46 // Felsenkeller // Schwandorf

Den Kellerdieben sei Dank

Das unterirdische Labyrinth im Schwandorfer Weinberg gilt als größte Felsenkelleranlage in ganz Bayern. Keller im Felsgestein gibt es in Süddeutschland viele. Fast alle wurden vor Jahrhunderten gebaut, fast alle dienten der kühlen Lagerung von Bier, das bis vor ca. 150 Jahren als Nahrungsmittel galt, weshalb der Bierkonsum pro Kopf wesentlich höher war als heute. Nachdem die Keller durch die Erfindung von elektrischen Kühlanlagen ihre Funktion verloren hatten, dienten sie vorwiegend zur Einlagerung von anderen Nahrungsmitteln. Das rief zu Beginn der 1930er-Jahre – in den Notjahren nach der Weltwirtschaftskrise – die ›Kellerdiebe‹ auf den Plan. Sie klauten, was ihnen in die Hände fiel, gruben sich dabei von Keller zu Keller durch den harten Sandstein und schufen so das heutige Kellerlabyrinth.

Im Zweiten Weltkrieg flüchteten bis zu 6000 Menschen vor dem Bombenhagel in die Keller. Nach dem Krieg gerieten diese in Vergessenheit oder wurden als private Mülldeponien missbraucht. Erst kurz vor der Jahrtausendwende entdeckte die Stadt durch die Initiative eines Einzelnen, auf welchem Kleinod sie da saß. Die Keller wurden ausgeräumt, gesäubert und die Durchgänge untereinander erweitert. Heute ist das Kellerlabyrinth die touristische Attraktion von Schwandorf.

Linke Seite Die Keller erstreckten sich teilweise über mehrere Ebenen

Oben Kurz vor der Jahrtausendwende wurden die Verbindungen zwischen den Kellern ausgeweitet und durch Ziegelbögen gesichert

47 // Felsenkeller // Abbach

In diesen Gemäuern blieb das Bier kühl

Da steckt ein Kleinod im Burgberg von Bad Abbach und die Stadt weiß nicht, was sie damit machen soll. Wie bei vielen anderen süddeutschen Städten auch, gibt es im Herzen der Stadt einen Felsenkeller – ein ausgetüfteltes System über- und nebeneinander angelegter Keller, in denen in früheren Jahrhunderten Bier kühl gehalten wurde und reifte. Die Kühlmethode war simpel, aber wirksam. In einem höhergelegenen Keller lagerte man Eis, durch dessen Verdunstung die Temperatur in den darunterliegenden Kellern konstant auf vier Grad Celsius heruntergekühlt wurde. Damit die Verdunstungsfeuchtigkeit nicht zu Schimmelbildung führte, sorgten raffiniert angelegte Lüftungsschächte für trockene Luft, gemauerte Durchgänge und Stützmauern garantieren die Stabilität. Doch die Keller in Bad Abbach gerieten in Vergessenheit, und die Stadt war sich lange nicht bewusst, auf welchem Schatz sie saß. Heute sondiert man in Bad Abbach die Möglichkeiten einer neuen Nutzung. Ob für Weihnachtsmärkte oder andere Events, ob für Souvenirshops oder als Ort für nächtliche Konzerte – an Ideen mangelt es nicht.

Links Geräumig genug für unterschiedlichste Nutzungen: die Felsenkeller von Bad Abbach

Sicherung F21

Die Faulen
und Dreiſten
ſchreien
am meiſten
Wenn
der Ofen kalt
gehn
die Freunde
bald

48 // Hotelbunker // Stuttgart
Logieren unterm Marktplatz

Stuttgart lag nach dem Zweiten Weltkrieg in Trümmern, knapp 68 Prozent aller Wohnhäuser waren zerstört. Dreißig Treppenstufen unter dem zentralen Marktplatz befand sich ein Schutzbunker, den man nach dem Krieg zum Hotel umfunktionierte. Komfort gab es damals weder ober- noch unterirdisch, ansonsten besaß das Hotel in bester Innenstadtlage alles, was ein Reisender brauchte. Fast alles bis auf Fenster, Frischluft, Tageslicht, Aussicht. Dafür schmale Flure, niedrige Decken und teilweise winzige Zimmer – so mancher Gast wird hier wohl nur mit größtem Unbehagen abgestiegen sein. Kein Wunder, dass hinter mancher der massiven Stahltüren die ganze Nacht das Licht anblieb. Tapeten mit Blümchen oder volkstümlichen Sinnsprüchen sollten jedem Zimmer eine persönliche Note geben. Wo nach dem Krieg sogar Prominente wie Hans Albers und Werner Finck eincheckten, herrscht heute der Verfall.

Linke Seite Der Charme der Nachkriegszeit: Die Wände schmücken Prägetapeten und volkstümliche Lebensweisheiten

Oben Blick in einen der langen, beengten Bunkerflure

49 // Regenwasserrückhaltebecken Hirschgarten // München

Eine Kathedrale für den Regen

Wenn sich der weiß-blaue Himmel oben über München verfinstert und es zu wolkenbruchartigen Regenfällen kommt, füllen sich unten unter der Stadt innerhalb einer Viertelstunde Wasserbecken gigantischen Ausmaßes. Die bayerische Hauptstadt zählt mit ca. 1000 Millimetern jährlich zu den an Niederschlägen reichsten Städten in Deutschland. Es regnet nicht so oft, wenn es aber regnet, dann schüttet es meist ordentlich. Bei Starkregen wären Münchens Abwasserkanäle – immerhin 2400 Kilometer davon gibt es – regelmäßig vom Kollaps bedroht. Um die immer wieder auftretende Überflutung der Kanalisation zu unterbinden, wurden unterirdisch insgesamt 13 Regenwasserrückhaltebecken gebaut. Das weitaus größte davon befindet sich unterhalb des Hirschgartens. Vier riesige Becken auf zwei Etagen füllen sich mit bis zu 90 000 Litern. Dann steht das Regenwasser bis knapp unter die Decke. Wenn nach dem Regenguss die Auffangbecken wieder kontrolliert entleert werden, bleibt eine ansehnliche Schicht an Schlamm und Unrat zurück, die dann zügig wieder entfernt werden muss. Nach vollzogener Reinigung ähnelt der puristische Betonbau mit seinen langen Säulenreihen einer unterirdischen Kathedrale.

Rechts Lange Reihen von Betonsäulen sollen den Druck auffangen, wenn das Rückhaltebecken bis knapp unter die Decke geflutet ist

50 // Saline // Bad Reichenhall

Wie Phönix aus der Asche

Wohlstand und Macht von Bad Reichenhall gründeten seit jeher auf den natürlichen Soleqellen, die am Gruttenstein zutage treten. Es wird vermutet, dass schon zur Bronzezeit vor Ort Salz gewonnen wurde. Im Hochmittelalter hatte es Bad Reichenhall im Salzhandel sogar zu einer Monopolstellung in Mitteleuropa gebracht, und bis heute sprudeln die Quellen im weit verzweigten Stollensystem unter Tage.

Um das Salz aus der flüssigen Sole zu gewinnen, wurde diese in riesigen Pfannen gesiedet (gesotten), bis nur noch ein Salzbrei übrig war, den man dann trocknen ließ. Für die großen Feuer unter den Sudpfannen wurden die Wälder der Umgebung abgeholzt. Mehrfach in der Geschichte ist es durch diese Feuer zu Stadtbränden gekommen. Der letzte verheerende Großbrand im Jahr 1834 vernichtete fast drei Viertel der Stadt, darunter auch die Salinenanlage selbst. Da Bad Reichenhall ihr aber seinen ganzen Wohlstand verdankte, wurde sie innerhalb weniger Tage – zunächst provisorisch – wieder instand gesetzt.

König Ludwig beauftragte seine besten Architekten mit einem prachtvollen Neubau des Verwaltungsgebäudes, 1846 wurde die Anlage zur ›schönsten Saline der Welt‹ gekürt.

//

Linke Seite Die einzelnen Solequellen sind mit Marmor eingefasst

Oben Ein ganzes System von Stollen verbindet die unterirdischen Teile der Saline miteinander

51 // Eisrohrhöhle // Berchtesgadener Land

Nur noch 63 769,5 Kilometer
bis zum Mittelpunkt der Erde

Übermannsgroße Wesen aus einer Zeit vor unserer Zeit, zu Eis erstarrt, ducken sich in der Finsternis, als ob sie darauf warten, endlich erlöst zu werden. Oder sind sie die verzauberten Wächter einer geheimnisvollen Welt unter der Erdoberfläche? Fakt ist, dass die Eisgestalten den wohl faszinierendsten Aspekt der sogenannten Eisrohrhöhle in den Berchtesgadener Alpen bilden. Zu finden sind sie auf den ersten 300 Metern des Eisrohr-Bammelschacht-Systems, das zu den zehn größten Höhlensystemen Deutschlands gehört. 25 Jahre Erkundung ergaben bisher eine Länge von fast 8 Kilometern. Sowohl in horizontaler wie auch in vertikaler Richtung ist die Höhle reich verzweigt und führt an ihrer tiefsten Stelle auf ein Niveau von minus 496 Metern. Und der Karst rundherum hat den neugierigen Höhlenforschern auch noch etliche andere Höhlen offenbart – allerdings nicht von dieser gigantischen Größe.

Vorhergehende Doppelseite Ehrfurcht erfasst den Menschen angesichts der Schönheit dieser Eisformen

Oben Höhlenforscher vor Ort

Oben Der Boden der Glitzerhalle ist mit einem flachen Eissee bedeckt

52 // Salzheilstollen // Berchtesgaden

Heilung unter Tage

Am Anfang war das Salz. Diesen Satz würde man im Berchtesgadener Land sofort unterschreiben. Das weiße Gold im Berg verhalf der Region schon im Mittelalter zu Wohlstand und politischer Bedeutung. Seit vielen Hundert Jahren wird hier Salz gewonnen und mit Salz gehandelt. Anfang des 20. Jahrhunderts wurde der Salinenbetrieb vor Ort eingestellt, und seither pumpt man die flüssige Sole über eine 18 Kilometer lange Leitung in die Saline Bad Reichenhall, wo sie in großen Salzpfannen erhitzt (gesotten) und getrocknet wird. Soweit die Geschichte.

Von der Seeluft weiß man, dass sie durch ihren Salzgehalt gut gegen Atemwegserkrankungen ist. Warum sollte die Atemluft in einem Salzstollen nicht mindestens genauso gesundheitsfördernd sein? Im Salzheilstollen fließt die Sole leise plätschernd in einen Springbrunnen. Dezentes warmes Licht und sphärische Musik schaffen eine entspannte, wohltuende Atmosphäre. Damit der Heilungsuchende auf dem Weg in das salzige Herz des Berges keine Beklemmung verspürt – immerhin geht es 850 Meter weit hinein in den Untersalzberg –, sind der ganze Heilstollen sowie der gesamte Zugangsbereich großzügig angelegt.

Linke Seite Licht und sphärische Musik tragen zur Entspannung bei und unterstützen die Behandlung

Oben Mit aufwendiger Technik wird im Heilstollen eine Wohlfühlatmosphäre hergestellt

53 //
Eiskapelle // Schönau am Königsee
Höhle in Bewegung

Eigentlich dürfte es auf dieser Höhe gar keine Eishöhle geben, denn die Schneegrenze liegt im Sommer etwa 2000 Meter höher. Dass die Eiskapelle im Eisbachtal hier, auf 930 Metern, das ganze Jahr über existiert, verdankt sie den gewaltigen Lawinen, die jedes Jahr an der Ostwand vom Watzmann abgehen und sich an dieser Stelle sammeln.
Wer sich unter der Eiskapelle eine natürliche Höhle im Gestein vorstellt, sieht sich vor Ort getäuscht. Es handelt sich bei ihr vielmehr um einen sich ständig verändernden Hohlraum unter einem immensen Schneefeld, das als das am niedrigsten gelegene seiner Art im ganzen Alpenraum gilt. Die Veränderungen in der Höhle folgen denen der Jahreszeiten und des Klimas. Im Winter führen die Lawinen zum Anwachsen des Schneefeldes. Schmelzvorgänge in den wärmeren Jahreszeiten formen die wabenartigen Strukturen an Decke und Wänden. Schmelz- und Niederschlagswässer sammeln sich zu kleinen Bächen, die im Sommer dazu beitragen, dass sich ein Gletschertor bildet, das den Zutritt zur Höhle ermöglicht. Vor dem Einstieg in die Eiskapelle wird allerdings eindringlich gewarnt, da es durch herabstürzende Eisbrocken schon zu Todesopfern gekommen ist.

//

Rechts Der stete Wechsel von Auftauen und Gefrieren schafft ganz eigene Strukturen in den Eiswänden der Höhle

Oben Wie ein gewaltiges natürliches Gewölbe wirkt die wabenartige Decke der Eiskapelle

54 // Wendelsteinhöhle // Brannenburg/Inn

Ehrfurcht vor der Mutter aller Grotten

Als Schauhöhle blickt die Wendelsteinhöhle schon auf eine fast hundertjährige Geschichte zurück. Sie liegt auf über 1700 Metern Höhe – nur gut 100 Meter unterhalb des Wendelstein-Gipfels – und ist damit die höchstgelegene Schauhöhle Deutschlands. Unter Geologen gilt sie als kleine Sensation, denn aufgrund ihrer Lage muss sie schon vor der Auffaltung der Alpen entstanden sein. Damit käme sie auf ein Alter von über 30 Millionen Jahren. Und obwohl sie so weit oben liegt, ist sie äußerst bequem erreichbar. Ein neu geschaffener Zugang befindet sich in unmittelbarer Nähe der Bergstation der Wendelsteinbahn. Es gibt zwar einen natürlichen Zugang, wegen Steinschlaggefahr ist dieser aber nicht zu empfehlen. Das heute bekannte Höhlensystem hat eine Gesamtlänge von über 500 Metern, wovon 170 Meter als Schauhöhle erschlossen sind. Bei Nachforschungen zu Beginn der 1990er-Jahre stellte sich heraus, dass unterhalb des Wendelstein-Gipfels ein ganzes System an Höhlen und Schächten den Berg untergräbt, an das sich die Wendelsteinhöhle anschließt.

Linke Seite Für Forscher immer wieder eine Herausforderung: Versteckt hinter solchen Klüften könnte die Höhle noch weitergehen

Oben Es waren Eiszapfen wie diese, die die Höhlenforscher Anfang der 1990er-Jahre darauf brachten, nach weiteren Höhlenteilen zu suchen

Oben Die Wendelsteinhöhle wurde besuchergerecht ausgestattet mit einem neu angelegten Zugang, Beleuchtung und interaktiven Infotafeln

HIER GEHT'S IN DEN UNTERGRUND

Alle Objekte, die in Orange gesetzt sind, können besichtigt werden.

01 Alter Elbtunnel Hamburg Der Elbtunnel ist Tag und Nacht für Fußgänger geöffnet

02 Ehem. Kernkraftwerk Rheinsberg Einmal wöchentlich finden Führungen statt. Anmeldung über joerg.moeller@ewn-gmbh.de

03 Atomendlager Gorleben Das Atomendlager ist nur im Rahmen spezieller Führungen zu besichtigen. Auskunft erteilt gorleben@gns.de

04 Mielkebunker Biesenthal Führungen durch die Bunkeranlage finden, wenn überhaupt, nur wenige Male im Jahr statt. Infos finden Sie unter www.ddr-bunker.de

05 Luftschutzanlage im U-Bahnhof Gesundbrunnen Berlin Der Verein Berliner Unterwelten e.V. bietet regelmäßig Führungen durch diese und ähnliche Bunker- und Luftschutzanlagen in Berlin an. Kontakt und Anmeldung unter berliner-unterwelten.de

06 Zivilschutzanlage Blochplatz Berlin Kontakt und Anmeldung unter berliner-unterwelten.de

07 BEWAG-Tunnel Berlin

08 Flughafen Tempelhof Berlin Informationen zu Führungen finden Sie unter www.thf-berlin.de

09 Kalibergwerk Bokeloh Einmal jährlich findet ein Tag der offenen Tür statt. Allerdings ist die Zahl der zugelassenen Besucher begrenzt. Infos finden sich unter ariane.boehm@k-plus-s.com

10 Bunkeranlage Maybach Wünsdorf Führungen bietet die Bücherstadt Wünsdorf an. Anmeldung unter www.buecherstadt.com/de/bunker/

11 NVA-Komplexlager Malachit Halberstadt

12 Iberger Tropfsteinhöhle Bad Grund Die Iberger Tropfsteinhöhle ist als Schauhöhle zu besichtigen. Informationen unter www.hoehlen-erlebnis-zentrum.de

13 Zeche Prosper-Haniel Bottrop

14 Befehlsbunker Dortmund Führungen durch den Befehlsbunker: Anmeldung und Information zu Führungen durch den Befehlsbunker: hy-lausch@web.de

15 Emscher-Renaturierung Ruhrgebiet

16 Mittelbau-Dora Nordhausen Die Gedenkstätte kann täglich besichtigt werden. Der Besuch des Stollens ist nur im Rahmen einer Führung möglich: Anmeldung unter besucheranmeldung@dora.de

17 Schieferbergwerk Nuttlar Das Schaubergwerk ist im Rahmen von Gruppenführungen zu besichtigen. Anmeldung unter schieferbau-nuttlar@t-online.de

18 Schiefergrube Christine Willingen Die Schiefergrube ist als Besucherbergwerk im Rahmen von Führungen zu besichtigen. Informationen unter freizeit-willingen.de. Tauchinteressierte erhalten Informationen unter toms.tauchshop@t-online.de

19 Kalkbergwerk Miltitz Das Alte Kalkbergwerk bietet von April bis Dezember sonn- und feiertags Führungen an. Anmeldung unter anfrage@kalkbergwerk.de. Tauchinteressierte wenden sich an www.tauchtreffdd.de/hoehlentauchen/miltitz-hoehlentauchen.html

20 Kunst im Tunnel Düsseldorf Das Museum ist täglich außer montags geöffnet. Infos unter www.kunst-im-tunnel.de/startseite.html

21 Kronleuchtersaal Köln Führungen in den Kronleuchtersaal werden von den Kölner Abwasserbetrieben etwa einmal im Monat angeboten. Infos unter www.steb-koeln.de/service/Kronleuchtersaal/Inhaltsseite.jsp

22 Fernwärmetunnel Köln Etwa einmal wöchentlich führen Mitarbeiter der Rheinenergie eine begrenzte Anzahl von Besuchern durch den Fernwärmetunnel. Die Führung ist kostenlos. Anmeldung unter betriebsbesichtigung@rheinenergie.com

23 Erlebnisbergwerk Merkers Informationen zu Veranstaltungen und Führungen unter www.erlebnisbergwerk.de/de/index.html

24 Feengrotten Saalfeld Alle Infos zum Besuch der Feengrotten sind zu finden auf www.feengrotten.de

25 Ehemaliges Erzbergwerk Kamsdorf Ein Teil des ehemaligen Bergwerkes ist als Besucherbergwerk zugänglich. Informationen: www.besucherbergwerk-kamsdorf.de/fuehrungen.htm

26 Bleßberghöhle Bleßberg

27 Ehem. Regierungsbunker Marienthal Die Dokumentationsstätte ehemaliger Regierungsbunker ist von März bis Oktober für Besucher geöffnet. Infos unter www.regbu.de. Anmeldung nicht erforderlich

28 Ehem. Bundeswehrdepot Lorch

29 Ehem. US-Atomrakentenbasis Rittersdorf

30 Weinkeller Traben-Trarbach Die Weinkeller sind im Rahmen von Stadtführungen zu besichtigen. Auskunft beim Tourismusbüro der Stadt oder unter www.traben-trarbach.de

31 Stollen Mehring

32 Beinhaus Oppenheim Das Beinhaus ist nur im Rahmen von Führungen zu besichtigen. E-Mailadresse für Anfragen: pfarramt@katharinen-kirche.de

33 Schieferbergwerk UWB

34 Eisenerzbergwerk Saalfeld Öffnungszeiten sind zu finden unter www.mellestollen.de

35 Erzbergwerk SW Schmiedefeld

36 Schieferbergbau Saalfelder Revier

37 Beinhaus Westhofen

38 Felsenkeller Kleinsendelbach

39 Palmenhofbunker Nürnberg

40 Paniersbunker Nürnberg

41 Bunkerhotel Nürnberg Führungen durch das Bunkerhotel unter dem Obstmarkt finden nur selten statt. Meist sind die Plätze sofort ausgebucht

42 Tucher Keller Nürnberg

43 Deutsche Bahn-Bunker Nürnberg Führungen durch den Bunker finden in Kooperation zwischen dem DB Museum und dem Förderverein Nürnberger Felsengänge e. V. statt. Siehe auch https://www.felsengaenge-nuernberg.de/index.php

44 U-Bahn-Baustelle Nürnberg Die U-Bahnlinie U3 ist mittlerweile in Betrieb. Sie erleben sie am besten bei einer Fahrt mit der ersten fahrerlosen U-Bahn Deutschlands

45 Bunker Krebsgasse Nürnberg Infos zu Führungen finden Sie unter https://www.felsengaenge-nuernberg.de/index.php

46 Felsenkeller Schwandorf Führungen durch das Kellerlabyrinth finden regelmäßig statt. Infos finden Sie unter www.felsenkeller-schwandorf.de

47 Felsenkeller Abbach Die Keller sind aktuell nicht zu besichtigen; die Stadt prüft Nutzungsmöglichkeiten

48 Hotelbunker Stuttgart Führungen durch den Hotelbunker finden nur während der Stuttgarter langen Nacht der Museen für eine begrenzte Anzahl Besucher statt. Infos finden Sie unter www.lange-nacht.de

49 Regenwasserrückhaltebecken München

50 Saline Bad Reichenhall Führungen durch die Saline sind zu buchen über www.alte-saline.de/de

51 Eisrohrhöhle Berchtesgadener Land

52 Salzheilstollen Berchtesgaden Keine öffentlichen Führungen. Sie können Aufenthalte im Salzheilstollen buchen unter www.salzheilstollen.com

53 Eiskapelle Schönau am Königsee Die Eiskapelle liegt auf öffentlich zugänglichem Grund, vom Besuch des Inneren der Höhle wird aber wegen Lebensgefahr durch herabstürzende Eisbrocken dringend abgeraten

54 Wendelsteinhöhle Brannenburg/Inn Bei der Wendelsteinhöhle handelt es sich um eine Besucherhöhle. Sie erreichen die Höhle unter dem Gipfel des Wendelsteins mit der Wendelsteinbahn. Infos unter: www.wendelsteinbahn.de/wendelstein-hoehle

BILDNACHWEIS

Berliner Unterwelten e. V./Happel Holger S. 22, 23, 27, 30; /Salm Frieder S. 24/25

Diester Jörg S. 94, 95, 102/103, 104, 105

Faber Ivo S. 70, 71

Getty Images/Master S. 18 u.; /Orlowski Ralph: 49

Hofmann Peter/www.tropfstein.de S. 162, 163, 164/165, 182/183, 184, 185, 186/187

Kemnitz Thomas/VIMUDEAP.info S. 10 o., 10 u., 11, 12/13, 14, 15, 16/17, 36/37, 38/39, 40/41, 42, 43, 44 o., 44 u., 45

Kielkowski Jonathan Danko/delve.site & jd-kielkowski.com S. 126/127, 128 o., 128 u., 129, 130/131, 132, 133, 134/135, 136/137, 138 o., 138 u., 139, 140, 141, 142/143, 144 o., 144 u., 145, 146/147, 148, 149, 150/151, 152/153, 154, 155, 156/157, 158 o., 158 u., 159, 160/161, Umschlagrückseite Mitte

Kielkowski Jonathan Danko & Pyka Alexander/delve.site & jd-kielkowski.com S. 80/81, 82, 83, 114/115, 116/117, 118 o., 118 u., 119, 120/121

laif/Burkert Christian S. 18 o., 34/35; /Harms Kathrin S. 26; /Rosenthal Daniel S. 19; /Steinhilber Berthold S. 76, 77; /Zanettini Fulvio Titelbild, S. 72, 73; /Zenit/Langrock Paul S. 28/29, 31

LOOK/Johaentges Karl S. 32/33, 47

Marhonsova Daniela & Nemec Miroslav/VIMUDEAP.info S. 96, 97, 98 o., 98 u., 99

mauritius images/Alamy/Jezierski Ingo S. 4; /Bibikow Walter S. 170, 171; /Boelter Ingo S. 8/9; /imageBROKER/Ohde Christian S. 5; /imageBROKER/Robbin Thomas S. 6/7; /images/MARKA/Alamy S. 90 o., 91

Denny Müller/Bunker5001 e. V. S. 20, 21

Glow-Images/Novarc Images RM/Stengert Nico S. 78/79, Umschlagrückseite unten

Oberhäuser Rupert S. 54, 55

Picture alliance/dpa/Hollemann Holger S. 46; /dpa/Gambarini Federico S. 48; /ZB/Welz Candy S. 56/57, 58 o., 58 u., 59; /dpa /von Erichsen Fredrik S. 106, 107, 122, 123; /Sued-deutsche/ Berr Jakob S. 168/169

Piel Herbert Fotografie S. 2, 88, 89, 90 u., 92/93

Reviersteiger.com S. 108/109, 110 o., 110 u., 111, 112, 113, 124, 125

Rheinenergie.com/Schmitter Jörg S. 74, 75

Salzbergwerk Berchtesgaden, Südsalz GmbH S. 178, 179

SBN/Bugiel Michael S. 60/61; /FvonP Sandrina S. 62 l.; Mengelers Rainer, 62 r., Straßburger Michael S. 63

Schopper Michael/Thüringer Höhlenverein e. V. S. 84/85, 86, 87

Cornelia Suhan/http://suhan-fotografie.com S. 50, 51, 52, 53

Max Wisshak Fotografie/www.speleo-foto.de S. 172/173, 174/175, 176/177, 180/181

www.photone.fotograf.de S. 100, 101

www.uli-kunz.com S. 64 o., 64 u., 65, 66/67, 68, 69

Zweygarth Achim S. 166 l., 166 r., 167, Umschlagrückseite oben

Titelbild: Kronleuchtersaal Köln / laif/ Fulvio Zanetti

Bild Vorsatz: Schieferbergbau Saalfelder Revier / Kielkowski Jonathan Danko u. Pyka Alexander

Bild S. 2: Rückgebaute Tunnelröhre im ehemaligen Regierungsbunker / Piel Herbert Fotografie

Bild Nachsatz: Neubau eines Tunnelabschnitts der U3 in Nürnberg / Kielkowski Jonathan Danko/delve.site & jd-kielkowski.com

DUMONT
»... ein äußerst ungewöhnliches Reise- und Geschichtsbuch der anderen Art zu 100 verlassenen Orten in Deutschland und Europa.«
stern.de, 8.10.2015
KEMNITZ | CONRAD | TÄGER
STILLGELEGT
100 VERLASSENE ORTE IN DEUTSCHLAND UND EUROPA
DUMONT
STILLGELEGT
DUMONT

IMPRESSUM

Bildredaktion	Susanne Troll Fotografie www.susanne-troll.de Andy Dittrich Produktdesign www.andy-dittrich.de
Grafik/Layout	Susanne Breuer Graphic Design www.susanne-breuer.de
Idee und Text	Hans-Joachim Schneider www.schneiderseiten.de
Lektorat	Gaby Falk
Repro	PPP Pre Print Partner, Köln

1. Auflage 2017

Marco-Polo-Straße 1
D-73760 Ostfildern
www.dumontreise.de

Für Hinweise und Anregungen sind wir jederzeit dankbar (info@dumontreise.de).

Printed in Spain

ISBN 978-3-7701-8886-4

FSC www.fsc.org MIX Papier aus verantwortungsvollen Quellen FSC® C105485